LIVRES
DO MEDO
*Cortando o mal pela raiz
para uma verdadeira cura*

Coleção Psicologia e Espiritualidade

- *Atravessar as provações*: como ativar nosso potencial de vida com o Modelo de Intervenção Global em sexologia, Marie-Paul Ross
- *Como superar o sofrimento e sair dele mais forte*, Valerio Albisetti
- *Conhecer-se: um desafio*. Aspectos do desenvolvimento humano, Deolino Pedro Baldissera
- *Da autoestima à individuação*: psicologia e espiritualidade, Jean Monbourquette
- *É possível superar a depressão*: uma abordagem à luz da fé, Kathryn J. Hermes
- *Faça as pazes com você mesmo*: uma jornada pessoal para reencontrar a paz, Kathryn J. Hermes
- *Livres do medo*: cortando o mal pela raiz para uma verdadeira cura, Michele Moiso
- *Lutando contra a depressão*: um guia espiritual para a recuperação da vida, William e Lucy Hulme
- *Por uma sexualidade plena*: um Modelo de Intervenção Global em sexologia, Marie-Paul Ross
- *Uma luz em meio às sombras*: a espiritualidade como aliada contra a depressão, Bertha Catherine Madott
- *Viver reconciliados*: aspectos psicológicos, Amedeo Cencini

Michele Moiso

LIVRES
DO MEDO
Cortando o mal pela raiz para uma verdadeira cura

Dados Internacionais de Catalogação na Publicação (CIP)
(Câmara Brasileira do Livro, SP, Brasil)

Moiso, Michele
  Livres do medo : cortando o mal pela raiz para uma verdadeira cura / Michele Moiso ; [tradução Leonilda Menossi]. – São Paulo : Paulinas, 2016. – (Coleção psicologia e espiritualidade)

  ISBN 978-85-356-4069-4

  1. Deus 2. Espiritualidade 3. Medo - Aspectos psicológicos 4. Medo - Aspectos religiosos - Cristianismo I. Título. II. Série.

15-11074   CDD-248.86

Índice para catálogo sistemático:
1. Livres do medo : Religião e psicologia : Cristianismo 248.86

Título original da obra: *Liberi dalla paura:*
alla radice del male per una vera guarigione
© 2016 Dorean Edizioni, Italy

1ª edição – 2016
1ª reimpressão – 2018

Direção-geral: *Bernadete Boff*
Editora responsável: *Andréia Schweitzer*
Tradução: *Leonilda Menossi*
Copidesque: *Cirano Dias Pelin*
Coordenação de revisão: *Marina Mendonça*
Revisão: *Simone Rezende*
Gerente de produção: *Felício Calegaro Neto*
Capa e diagramação: *Irene Asato Ruiz*
Imagem de capa: *Fotolia – © Anton Petrus*

Nenhuma parte desta obra poderá ser reproduzida ou transmitida por qualquer forma e/ou quaisquer meios (eletrônico ou mecânico, incluindo fotocópia e gravação) ou arquivada em qualquer sistema ou banco de dados sem permissão escrita da Editora. Direitos reservados.

Paulinas
Rua Dona Inácia Uchoa, 62
04110-020 – São Paulo – SP (Brasil)
Tel.: (11) 2125-3500
http://www.paulinas.com.br
editora@paulinas.com.br
Telemarketing e SAC: 0800-7010081
© Pia Sociedade Filhas de São Paulo – São Paulo, 2016

A Carla, minha esposa,
a meus pais,
a Stella.

Faze-nos voltar a ti, SENHOR,
e recupera nosso passado.
(Lm 5,21)

Sumário

Introdução 9
Capítulo 1– O que é o medo?..15
Capítulo 2 – Onde se instila o seu veneno................................19
Capítulo 3 – Como se manifesta 23
Capítulo 4 – Provocações 27
Capítulo 5 – Onde nasce..29
Capítulo 6 – Onde se manifesta 35
Capítulo 7 – Desejamos Deus? 71
Capítulo 8 – Preparemo-nos!...73
Capítulo 9 – Obedecer...77
Capítulo 10 – Livre..85
Capítulo 11– Como nos libertar do medo................................89
Capítulo 12 – Meta..91
Capítulo 13 – Aonde tudo conflui..93

Introdução

Escrevi este livro em pouquíssimo tempo, mas a sua gestação exigiu muitos anos. Estas páginas são fruto de minha vivência, de minha experiência, de minha conversão. Mas acima de tudo, quero deixar claro, sou testemunha destas minhas palavras: não é teoria lida ou assimilada. É experiência, é caminho espiritual, é busca, é pranto e sofrimento.

Ofereço este livro com esperança e confiança.

Sobretudo, sinto-me feliz em partilhar o resultado da minha trajetória: é possível livrar-se do medo. Não com uma varinha mágica, não com um método, não com estudos, não com técnicas ou meios humanos. Isso eu acreditava que fosse possível muito tempo atrás, quando, após dez anos de psicanálise, eu imaginava ter encontrado as chaves, pessoais e únicas, com as quais pudesse resolver meus problemas. Rapidamente, porém, percebi que o medo continuava a ser meu companheiro de viagem. Então continuei a pesquisar. Em vão. Desde então estudei e li, creio eu, tudo aquilo que foi escrito sobre o medo. No Oriente e no Ocidente. Mas nada que fosse além dos sintomas. Jamais a causa, os inícios, a gênese. Ou seja: o que é, onde nasce, o porquê e qual o seu significado.

Assim, felizmente desviei a atenção da teoria, do saber humano, da psicologia e da psicanálise para a busca espiritual. E finalmente cheguei à Palavra de Deus. Comecei a ver uma luz no fim do túnel quando me aproximei de Jesus Cristo. Entendi que ali se encontrava o segredo, a Verdade. A partir dessa descoberta, posso dizer que comecei a viver. Antes eu sobrevivia no medo. A partir daí, nasceu a busca, lenta, mas constante, que me trouxe a estas páginas e à alegria de escrevê-las. Agora eu vejo o medo e o sinto aproximar-se. Não posso bloqueá-lo ao surgir, ninguém consegue.

Mas, diferentemente de antes, agora eu o faço gentilmente ir embora. Não faz mais moradia em mim.

Aborrecido por um momento, sim, mas imediatamente livre para viver sem restrições. Esse é o fruto daquele encontro. Nenhum outro.

Jamais alguém será capaz de viver sem medo, se estiver sem Deus. Disso eu tenho certeza.

Não há remédios, terapia, disciplina física, filosofia, nada que liberte definitivamente o ser humano do medo a não ser a Palavra de Deus. Palavra lida, vivida, mastigada, digerida. Tornada sua.

Todo o resto não passa de paliativo.

> A humanidade não encontrará tranquilidade nem paz enquanto não se voltar com plena confiança à minha Misericórdia. Diga à humanidade sofredora que se refugie no meu Coração Misericordioso e eu a culminarei de paz (Promessas de Jesus Misericordioso à Irmã Faustina Kowalska).

Já transcorreram milênios desde o nascimento do ser humano sobre a terra, mas, como podemos constatar, não vivemos na alegria, na verdade, na consciência e na liberdade. Não vivemos na felicidade. E não se trata de problemas econômicos. É um problema humano.

Ademais, a índole e os sentimentos próprios do ser humano continuam sempre os mesmos. De novidade, há apenas o progresso técnico e científico. O interior do homem e o que move seu coração continuam ainda adormecido e reprimido como no tempo da expulsão do Éden.

Nascemos no medo, crescemos com medo e, de modo mais ou menos explícito, somos educados pela vara do medo. É uma herança invisível, que transmitimos de geração em geração aos nossos semelhantes, mediante sistemas por vezes sofisticados e por vezes brutais, conforme as necessidades e a época histórica. Herança que se transfere, obviamente, tanto em âmbito familiar quanto em âmbito coletivo, político, social.

Um modo bárbaro de tentar controlar o "outro" e domesticar o medo que temos "do outro".

E aqui está a novidade: descobriremos que o medo do ser humano é sintoma de um problema com o Absoluto. Um problema pessoal com Deus: o afastamento de Deus.

Portanto, não é uma triste e inelutável realidade, nem um trágico destino, nem uma imposição contra a qual não se pode rebelar, mas uma responsabilidade pessoal, precisa e direta.

Podemos esperar viver a vida com alegria, livres do medo. Escrevi este livro para dizer justamente isso, que é possível. Depende somente do ser humano, daquilo que ele deseja, daquilo que ele procura. Do livre-arbítrio.

Entretanto, para ser sincero, devo dizer-lhes mais uma coisa: o caminho é estreito. É tortuoso.

Para escrever este livro tive de pedir ajuda e confiar na Palavra de Deus. Nada mais e nada menos.

Podemos dar muitos adjetivos e muitas definições à Palavra de Deus. Mas ela possui uma característica única: não é negociável. Nem sequer uma vírgula é negociável com Deus. É por isso que o caminho é estreito. Estreito para todos. Mas nada de medo! Aquele que nos ama logo nos oferece uma réstia de luz, a lâmpada no caminho, a esperança sem fim, dizendo-nos: "Tudo é possível para quem crê" (Mc 9,23).

Então, é daqui que partiremos. Da fé.

Agora, sim, tudo se torna possível, também livrar-nos do medo.

E eu posso testemunhá-lo, seja pela minha vida pessoal, seja pela experiência obtida como psicanalista, profissão em que atuei até pouco tempo atrás.

Tudo aquilo que consegui, eu o devo exclusivamente à fé em Deus. Até o sorriso recuperado das pessoas que o Pai celeste colocou no meu caminho profissional é consequência da sua luz divina.

Essa é a primeira premissa.

A segunda deve esclarecer bem os termos daquilo que estamos falando.

Ouve-se dizer, e frequentemente se lê, que o medo pode "ajudar".

Para quem sustenta essa tese, o medo nos protege de situações de perigo. Portanto, é tido como normal e útil, dentro de certos limites.

Eu não sei quais são esses limites.

Mas, na minha experiência pessoal e como terapeuta, o medo jamais foi útil, jamais ajudou. Ao contrário, todas as vezes que o senti tive a sensação de incômodo e aprisionamento.

Portanto, é importante indicar com precisão o campo de pesquisa que escolhi para escrever este livro a fim de evitar confusões inoportunas.

Faço essa distinção para não confundir o medo com a ansiedade, o perigo, a angústia, a fobia, o desespero, o terror, o pânico ou o instinto de conservação.

Medo é medo.

Medo de viver, de errar, de escolher, de fazer, de ter êxito. De não ser amado, querido, aceito. Medo do amanhã, do futuro, da morte. Medo de perder a mulher, o marido, os afetos, os filhos, os amigos e ficar sozinho. Medo de perder a casa, os bens, o dinheiro. Medo de ficar pobre, de uma doença incurável, da dor. Medo de perder o trabalho. Medo dos colegas, de não estar à altura. Medo de ser traído. Medo de ser livre, de ser verdadeiro e não usar máscaras. Medo do julgamento dos outros, medo de não os agradar, medo de dizer sim ou de dizer não, de escolher novos caminhos. Medo de aproximar-se de Deus porque o marido, a mulher, um genitor ou alguma outra pessoa não compreenderia e talvez obrigasse a sabe-se lá o quê.

Medo de Amar.
Medo do medo.
Medo de Deus.

Capítulo I

O que é o medo?

O medo é um triste companheiro de viagem, que nos conduz a uma triste vida, privada de alegria e de paz.
Pode ser um companheiro de viagem impertinente, obsessivo. É como uma mosca importuna que não para de incomodar. Às vezes não dá trégua e leva ao desespero.
Jamais alguém convidaria tal companheiro de viagem. Mas ele se apresenta em todo lugar. Ele é livre para nos acompanhar. Nós, não. Nenhum de nós jamais o viu, mas sua presença é uma realidade.
Ele se diverte, nós sofremos.
Ele se revigora, nós nos tornamos sempre mais frágeis e medrosos.
Ele nos leva aonde quer, nós o seguimos, impotentes.
Se nos perguntássemos há quanto tempo ele vive conosco, dificilmente saberíamos responder: tornou-se parte de nós. É tão familiar que já aceitamos sua presença sem questionar. Cremos que já não podemos fazer mais nada para tornar-nos livres.
É um tormento. É como aquele abutre que todos os dias, sem cessar, morde o fígado de Prometeu. Mas durante a noite o fígado se refaz para ser novamente devorado no dia seguinte.

É um companheiro que nunca nos permite ver o copo meio cheio.

Está sempre criticando, atacando, julgando, dividindo, golpeando, ferindo.

Não sabe o que é o Amor, a obediência, a caridade, o abandono.

Se puder usar uma palavra para prejudicá-lo, ele o faz, sorrindo. Se puder tirar ao menos um minuto de sua paz, não deixa de fazê-lo, regozijando-se. Se puder desestabilizar você, ele o faz com um sorriso maligno.

Se ao menos fôssemos capazes de reconhecê-lo como um corpo estranho, nós o expulsaríamos; mas o hábito está tão arraigado em nós, tão identificado conosco, que é como se fizesse parte de nós. E assim não lutamos mais, e dia após dia lhe concedemos sempre maior espaço.

É um parasita que vive com o capacete da soberba, da vaidade obtusa, do orgulho vulgar. Vive às nossas custas, enfraquecendo-nos e retalhando-nos, usando-nos a seu bel-prazer. Nutre-se de nossas emoções, de nossas energias, de nossos recursos. Quando chega a noite, estamos exaustos. Fechamo-nos num estado de espírito que nos angustia, bloqueia, paralisa. Impede de pensar, tolhe a esperança, a alegria e a vida. O medo constrange-nos a viver um passado triste ou nos projeta para um futuro cheio de insídias incontroláveis. Uma campainha que nos lembra que somos limitados, finitos, que nos impulsiona a busca por uma segurança improvável e que demonstra nossa fragilidade abissal.

É sempre um enganador. Quer convencer-nos de que estamos sozinhos e que ninguém poderá ajudar-nos.

É sempre aquele que divide. Separa-nos de nós mesmos e afasta-nos de Deus.

É sempre o príncipe da mentira, porque nega a Verdade.

Capítulo 2

Onde se instila o seu veneno

Nas premissas deste livro fiz um elenco de medos, mas não listei todos. O número aumenta constantemente, de modo que é difícil atualizá-los. Ainda que sejam muitos e atropelem de modo global o nosso viver, todos os medos têm uma característica única, exata: o desejo de romper um relacionamento, às vezes um relacionamento pessoal ou um compromisso. Dividir, separar coisas e pessoas, criar um curto-circuito com nós mesmos, com os outros e com Deus.

Por exemplo, se eu tenho medo de não conseguir fazer determinada ação, de não alcançar um objetivo ou de não realizar uma obra, aquele objetivo, queira ou não, distancia-se imediatamente de mim e eu dele. Se tenho medo do meu marido, ou da minha mulher, mesmo que eu não o queira, eu me distancio. Enfim, se tenho medo de Deus, para mim é como se Deus "não existisse".

Eis, portanto, o objetivo do medo: dividir, distanciar. Divididos somos fracos e impotentes.

Jesus Cristo nos lembra muitas vezes: "Aquele que permanece em mim, como eu nele, esse dá muito fruto; pois sem mim, nada podeis fazer" (Jo 15,5).

O amor une. O medo divide.
O amor é vida. O medo é morte.
O amor é alegria. O medo é tristeza.
O amor é energia. O medo é cansaço.
O amor é liberdade. O medo é prisão.
O amor é movimento. O medo é imobilidade.

Para conseguir seu intento, o medo adota uma estratégia que cria desequilíbrio. Tira a estabilidade em todos os âmbitos, criando insegurança física, pessoal, social, moral, espiritual e coletiva. E para tirar a estabilidade usa do expediente da mentira e do engano. Armas silenciosas, "traiçoeiras" e, sem dúvida, mortais.

E não existe ninguém mais capaz que o medo para utilizar tais armas. Com elas, o medo mata, já nos albores da humanidade. Quem é mais experiente do que ele? Podemos seguramente afirmar que o medo criou um arquétipo do delito no momento em que matou a verdade.

O primeiro alvo dos ataques do medo somos nós. Homens e mulheres, indistintamente. Não há pessoa, classe social, categoria ou ambiente social que possa dizer-se livre de seus ataques. Não há conta bancária que possa afastá-lo, não há função, nem prestígio, nem poder que possa resistir ao medo. Tudo ele envenena. Porque é enganador, fingido, latente, invisível, mas constantemente presente.

Quantas vezes ele engana!

Já ouvi muitas vezes de pessoas inexperientes: "Eu não sinto medo!".

Basta deixá-las falar durante alguns minutos para ouvir o som inconfundível dessa sirene mortal e ver aflorar o iceberg do medo. Como, pois, não tinham consciência disso?

É que o medo é astuto e sabe esconder-se. Atira a pedra e esconde a mão. Tira-nos o fôlego e desaparece. Vem à nossa casa, toca a campainha, entra, deixa sua bagagem e depois some. E nós ficamos segurando a bagagem, suando frio.

Moral da história: tais pessoas ignoravam o seu medo porque nem mesmo o enxergavam.

O medo quer impor-nos sua prisão sem que entendamos onde estamos.

Sabemos quão profundo é esse engano. Analisemo-lo atentamente. Foi estudado por um carcereiro que sabe o que faz.

Porque, se é difícil sair de uma prisão qualquer, imagine o quanto mais árduo será sair de uma prisão cuja existência ignoramos.

Eis o engano, escondido.

É um plano diabolicamente perfeito. E funciona. Os laços do medo fazem muitas vítimas. É fato.

Mas, obviamente, não é uma dor invencível. Pelo contrário.

O primeiro vencedor foi Jesus Cristo.

Quando o Filho de Deus se manifestou, o medo tornou-se impotente e se dispersou como ondas na praia, que em brevíssimo tempo desaparecem.

Agora é a nossa vez. Ou melhor, quem quiser, pode agora seguir as pegadas do Mestre. Ele indicou o caminho. Com a vinda do Filho de Deus, tudo muda na história da salvação do homem, também a relação com o medo.

Mas eu afirmo: é só para quem quiser.

Quem não quiser pode continuar sozinho. E sozinhos somos como caniços movidos pelo vento.

Unidos ao Filho de Deus somos rocha inamovível.

Sozinhos, tornamo-nos, por vezes, de modo inconsciente, vítimas que se autodestroem, e depois, como seres incontroláveis, podemos destruir tudo aquilo que nos diz respeito e nos circunda: família, comunidade, cidade, até mesmo uma nação. O mundo inteiro. Esse é o desafio que o medo lançou através de um marketing minucioso, uma propaganda asfixiante e uma pressão crescente. O ataque desferido é invisível, mas cotidiano, levado a todos, a fim de que todos tenham medo. O inimigo age dessa forma.

Se as massas sentem medo, é porque já estão afastadas de Deus.

Capítulo 3

Como se manifesta

Minha filha, por que você se deixa levar por pensamentos de medo?
(Do *Diário* de Santa Maria Faustina Kowalska)

Assim diz o Senhor DEUS:
Naquele dia surgirão planos em tua mente,
maquinarás projetos malignos
(Ez 38,10).

Vivemos num oceano de palavras. Estas palavras estruturam os pensamentos. Os pensamentos criam as ações. Na origem de todo ato, comportamento, expressões e omissões há um pensamento.

O pensamento é o motor do universo. No bem e no mal, é sempre um impulso.

Nós podemos criar os pensamentos, mas não podemos controlá-los ou governá-los na fonte. Podemos pensar o que faremos amanhã, o que comeremos hoje, o que diremos ou o que faremos mais tarde, mas não podemos bloquear um pensamento. Se pudéssemos ser verdadeiramente donos de todos os nossos pensamentos, seríamos, então, capazes de impedir, por exemplo, as obsessões que nos importunam, as tentações que nos instigam, os medos que nos assustam e as manias que nos consomem. Mas não é assim.

Portanto, podemos criar todos os pensamentos que quisermos, mas há pensamentos que somos constrangidos a receber, e sobre estes que recebemos não podemos ter senão, ao máximo, um controle posterior. Nunca um controle imediato.

Entretanto, estamos sempre contíguos com nossos pensamentos, que acreditamos sejam nossos pelo simples fato de que estão dentro de nós. E estamos tão convictos da paternidade dos nossos pensamentos que jamais os submetemos a uma análise: nós os julgamos bons, assim como são; e acreditamos piamente neles, tanto nos que criamos, quanto nos que recebemos. Esse pode ser um grave perigo, porque há pensamentos de luz, como também pensamentos de trevas. Estes últimos esconden enganos, fantasias, incompreensões, divisões, calúnias, confusões, julgamentos, preconceitos, maldades, suspeitas, pecados.

Mas os sentimentos e os estados de alma também se estruturam em torno de palavras e pensamentos. Todos eles.

Se estamos tristes, alegres, entusiasmados, bem-dispostos, enraivecidos, encolerizados ou assustados é porque um instante antes algum pensamento falou dentro de nós. Nós lhe demos ouvido, e com a velocidade da luz lhe dissemos: "Sim, é assim mesmo". Tudo aconteceu num lapso tão breve de tempo que nem sequer nos demos conta. Simplesmente aconteceu. Esse é o mecanismo.

Pode também ser uma recordação, uma imagem, a qual está sempre ligada a palavras e pensamentos. Tudo acontece numa fração de segundo.

... o pensamento, uma centelha ao pulsar do coração (Sb 2,2).

Primeiramente, definimos o medo como um companheiro de viagem, um parasita. Agora nós o vemos em ação. O que sucede naquela fração de segundo em que passamos de um estado neutro a outro, ao estado de medo? Em termos práticos, o que acontece?

Sucede que um pensamento bate à nossa porta e nós o deixamos entrar. Um pensamento se apresenta à nossa percepção mental e nos diz: "não sei", "talvez", "quem sabe", "e se...", "o que farei?", "o que dirá?", "o que pensará?", "conseguirei?", "não tenho vontade de", "não aguento", "é demais para mim", "não estou à altura", "tenho medo".

O pensamento chega, nós o recebemos e nos conformamos com ele.

Três passagens que duram um átimo de tempo. Mas é um átimo fatal.

Nessa fração de segundo somos abissalmente ingênuos, culpavelmente ausentes e terrivelmente sós. Mas é assim. Um pensamento de medo, deixado livre, não reconhecido, é a causa de todos os nossos medos percebidos e vividos. Todos!

Deixados livres, sem barreiras.

Ninguém se lhe opõe. Nem nós, nem a nossa fé, nem a nossa confiança em Deus, nem a nossa esperança em Deus.

E no entanto, o único baluarte contra esse terrível impostor é a fé.

Fé! Se a tivéssemos estaríamos seguros, o tempo todo e em qualquer lugar. E a nossa fé, então, tornar-se-ia uma sentinela postada à porta da casa, que impediria a entrada de qualquer pensamento de medo.

Uma sentinela atenta, esperta e incorruptível. Disposta a combater pela vida, pela verdade, pela liberdade.

Bastaria a fé para afugentar a tentação.

Ele, o medo, seria expulso num segundo.

O medo, portanto, um pensamento. Um pensamento deixado a sós. Que ninguém mais sabe sentir, perceber, reconhecer, contestar. Imagine uma sentinela que não soubesse reconhecer o inimigo! O que aconteceria?

Um pensamento que, entre outras coisas, jamais reflete sobre a realidade do estado das coisas, mas somente um estado fluido do passado ou do futuro.

Tomemos a lista dos medos elencados na introdução. Analisemo-la e veremos que quase todos se referem ao futuro.

Porque, se o pensamento fosse ligado ao presente, poderíamos desmascará-lo de imediato. Ao invés, ele faz um jogo fácil, exatamente porque nos leva ao futuro que não conhecemos, ou ao passado, que não podemos modificar.

Se seguirmos esse pensamento, vamos acabar no meio de um deserto do qual gostaríamos de escapar sem jamais voltar atrás. Se acreditamos nele, tornamo-nos uma folha levada pelo vento. Despregada do ramo, fica sem segurança, sem vida. Fechados numa prisão invisível, mas real. Nunca vemos as grades, mas sempre as sentimos.

Porém, se reconhecermos o medo, nós o deteremos. E o impediremos de entrar em nossa casa e danificá-la, e poderemos até mesmo transformá-lo.

Vejamos como.

Capítulo 4

Provocações

> Morre quem se separa de Deus.
> Quem endurece no pecado e não expele
> as impurezas do pecado através da confissão.
> Morre que não crê em Deus e não ama o seu Criador.
> Mas vive e não morre aquele que sempre teme a Deus
> e se purifica dos pecados com confissões regulares,
> e aspira tornar à casa do seu Deus.
> (Santa Brígida)

Quando um pensamento de medo toma conta de nós, nosso corpo cai em desequilíbrio psicofísico. Sentimo-nos fracos, vulneráveis, impotentes, divididos.

Se diz respeito a nós, tornamo-nos inseguros.

Se diz respeito aos outros, começamos a ter medo dos outros.

Se diz respeito a nós em relação a Deus, começamos a ter medo de Deus.

Em tais casos estamos mortos para nós mesmos, para os outros e para Deus.

Trata-se, obviamente, de uma morte espiritual, mas, em perspectiva, se nada muda a morte também se torna real.

Quando temos medo, não vivemos. Não somos livres, alegres, não temos vontade de fazer nada, de mover-nos, de descobrir. Não respiramos a plenos pulmões. Não temos vontade de correr no campo, de colher uma flor, de admirar um pôr do sol. De esperar, de sorrir.

Quando temos medo, somos incapazes de amar a nós mesmos, aos outros, a Deus.

Não pode ser pura e verdadeira a nossa intenção.

Não podemos alegrar-nos e doar-nos.

Não somos abertos, hospitaleiros nem solidários.

Não somos próximos do outro.

Não podemos ser pobres de espírito, mansos, misericordiosos, puros de coração e operadores da paz.

Não podemos ser evangelizadores corajosos. Não podemos ser testemunhas confiáveis da Palavra de Deus.

O medo fecha-nos a nós mesmos, aos outros e a Deus. Fecha-nos à sua graça. Empurra-nos para um mundo de exclusões e de solidão.

Paralisa-nos.

Capítulo 5

Onde nasce

Quando ouviram o ruído do Senhor Deus, que passeava pelo jardim à brisa da tarde, o homem e a mulher esconderam-se do Senhor Deus no meio das árvores do jardim. Mas o Senhor Deus chamou o homem e perguntou: "Onde estás?". Ele respondeu: "Ouvi teu ruído no jardim. Fiquei com medo, porque estava nu, e escondi-me" (Gn 3,8-10).

Tudo nasce de um "não". Da desobediência. Da recusa a Deus. Do orgulho. Da vaidade. Da soberba.

Entretanto, Deus tinha sido claro e peremptório:

O Senhor Deus deu-lhe uma ordem, dizendo: "Podes comer de todas as árvores do jardim. Mas da árvore do conhecimento do bem e do mal não deves comer, porque, no dia em que dele comeres, com certeza morrerás" (Gn 2,16-17).

Eva, porém, provocada pelo diabo, convenceu Adão e ambos comeram daqueles frutos. Desobedeceram. Aqui surgiu o pecado original. Morreram em espírito.

A partir daquele instante, tudo mudou.

O medo foi a primeira consequência trágica e imediata com a qual o ser humano se deparou depois de comer daqueles frutos. A partir daí, não conseguiu mais viver sem esse condicionamento imposto e adquirido. Uma marca indelével, um castigo ineslutável.

A desobediência colocou Adão e Eva automaticamente fora da graça de Deus e de toda aquela abundância que o Senhor lhes tinha preparado.

Desde então até hoje, toda vez que o homem peca, desobedecendo a Deus, perde *vida, felicidade* e *abundância*.

Vida? Não existe vida no pecado. Somente morte.

Deixa que os mortos enterrem os seus mortos (Lc 9,60).

Felicidade? Agora apenas uma recordação.

Uma forte angústia, SENHOR, contorce-me as entranhas, um rebuliço agita-me o peito, fui muito rebelde (Lm 1,20).

Abundância? Acabou.

Porque ouviste a voz da tua mulher e comeste da árvore, de cujo fruto te proibi comer, amaldiçoado será o solo por tua causa. Com sofrimento tirarás dele o alimento todos os dias da tua vida. Ele produzirá para ti espinhos e ervas daninhas, e tu comerás das ervas do campo. Comerás o pão com o suor do teu rosto, até voltares ao solo, do qual foste tirado. Porque tu és pó e ao pó hás de voltar (Gn 3,17-19).

Tudo escrito e tudo confirmado, ao pé da letra, segundo a Palavra de Deus.

Mas atualizemos um pouco o discurso, porque Adão e Eva estão distantes no tempo. Além disso, podemos pensar que sejam somente eles os culpados.

Se alguém tiver uma ilusão desse tipo, digo de imediato com as mesmas palavras de Jesus Cristo. Palavras que não permitem apelação.

Não penseis que vim abolir a Lei e os Profetas. Não vim para abolir, mas para cumprir (Mt 5,17).

Ou, seja, nem uma vírgula do Antigo Testamento foi mudada quando da vinda de Jesus Cristo.

Neste ponto temos de entrar em cena com as nossas vidas, com nossas responsabilidades e com as escolhas feitas por nosso livre-arbítrio. Ou melhor, aquilo que fazemos e que deixamos de fazer a cada dia. Porque a Lei diz respeito também a nós.

> Diante do ser humano estão a vida e a morte, o bem e o mal; ele receberá aquilo que preferir (Eclo 15,18).

E nós, hoje, podemos dizer-nos diferentes de Adão e Eva?

Para respondermos com conhecimento de causa, lembremos que eles pecaram por desobediência. E nós: somos obedientes à Lei de Deus?

Construímos ídolos?

Estamos longe de Deus?

Dizemos também nós, como Jó, que após tanto sofrimento encontrou verdadeiramente a Deus e lhe disse: "Eu te conhecia por ter ouvido falar de ti"?

Colocamos num pedestal o nosso eu, esquecendo-nos de Deus?

Colocamos Deus no centro de nossa vida?

Amamos a ele com um amor puro, sincero, desinteressado?

Trabalhamos por ele?

Fazemos a vontade dele?

Sentimo-nos realmente filhos dele?

Sabemos louvá-lo e adorá-lo?

Sentimo-nos intimamente amados por ele?

Sabemos viver abandonando-nos exclusivamente a ele?

Rendemos graças a ele em tudo e por tudo?

Nós o amamos sobre todas as coisas?
Sabemos sacrificar-nos por ele?
Sabemos amar, perdoar e ser caridosos em nome dele?
Sabemos sofrer por ele e tudo oferecer a ele?

Cada um de nós é inevitavelmente confrontado com essas perguntas e com as respostas correspondentes. E sabemos que cada resposta tem uma consequência. E também que o não responder é uma resposta e a sua consequência.

> Mas, porque és morno, nem frio nem quente, estou para vomitar-te de minha boca (Ap 3,16).

As palavras do Apocalipse não deixam margem a subterfúgios. Ser vomitado da boca de Deus: esse é o fim de quem não toma posição. De quem não escolhe, de quem ama os compromissos, os subterfúgios, de quem talvez vá à igreja aos domingos, mas não conhece a Palavra de Deus e muito menos a vive. Ou ainda pior, de quem reza o terço, mas não sabe o que é um ato de caridade nem vive a humildade. De quem deseja o indesejável, de quem é apegado às coisas e às pessoas. E quiçá sentem-se à mesa com vaidade, orgulho e soberba.

Quem não obedece coloca-se de imediato fora da graça de Deus. E fora não há ninguém que possa salvá-lo: estará sozinho e destinado a viver seu medo que testemunha constantemente seu afastamento de Deus.

Até agora vimos que o ser humano, ao desobedecer, perde vida, felicidade e abundância. Agora chegamos ao coração do problema.

Isto é, se no terceiro capítulo do Gênesis descobrimos quando nasce o medo, no Deuteronômio descobrimos que o medo é o castigo pelo nosso comportamento, pelo nosso pecado.

Peço que medite palavra por palavra. Aqui estamos no núcleo dos nossos medos.

> Mas também no meio dessas nações não encontrarás sossego, nem acharás um lugar onde descansar a planta dos pés. Ao contrário, o SENHOR te dará um coração agitado, porá a lividez em teus olhos e o desânimo em tua alma. Sentirás a vida por um fio. Viverás sobressaltado de dia e não terás segurança de noite. Pela manhã dirás: "Quem dera que já fosse tarde!". E à tarde dirás: "Quem dera já fosse manhã!", por causa do medo que tomará conta de teu coração e do espetáculo que verão teus olhos (Dt 28,65-67).

Coração agitado, olhar lívido, alma desanimada.
Impossível maior clareza! É Palavra de Deus.

O medo provém da certeza de que não estamos com Deus, e que Deus não está conosco. O medo é advertência contínua do nosso pecado.

Aquilo que mencionei na Introdução agora é claro. Repito. Eis a grande novidade: o medo torna evidente que o ser humano tem um problema com o Absoluto. Um problema pessoal com Deus, e que tem vários nomes: desobediência, afastamento, fé imperfeita.

Resumindo: o medo não é algo de que não nos possamos libertar, não é uma realidade triste e inelutável, não é um destino trágico, não é um imposto a ser pago, mas sim uma dimensão superável mediante oportunas e necessárias escolhas. Depende unicamente de nós. Do que queremos, de quem escolhemos e do que fazemos.

Capítulo 6

Onde se manifesta

Vejamos o que se manifesta e o que reflete a vida da pessoa com medo.

Gostaria de dar uma ideia das principais manifestações do medo. As mais frequentes. Mas cada um de nós poderia fazer sua própria lista. O medo conhece bem cada um de nós e os nossos pontos fracos.

Analisaremos, portanto, o afastamento de Deus, a provação, o apego, o Mal, a falta de fé, a educação, a mente que engana entre outros.

Estes sintomas podem manifestar-se singularmente ou em conjunto em nosso cotidiano.

Reconhecê-los é um modo de abrir nossos olhos e ver com um pouco mais de atenção o que está acontecendo e como estamos vivendo. Não adianta fingir ou nos esconder da verdade. Se reconhecemos ser sujeitos passivos de uma destas formas de medo, não nos desencorajemos, mas tomemos como ponto de partida para querer mudar e desejar viver livres.

O afastamento de Deus

> Observemos e olhemos nossos caminhos, e voltemos para o SENHOR. Os corações com as mãos elevemos para Deus lá nos céus. Obedecer não quisemos e pecamos: por isso não perdoaste. Possuído de ira, nos perseguiste e mataste sem piedade. Puseste à tua frente uma nuvem para embargar nossa oração. Parecendo lixo e refugo nos deixaste no meio dos povos. Quantos inimigos contra nós abrem a boca! Que pavor e ameaça para nós de ruína e derrota! (Lm 3,40-47).

A primeira frase é um programa de vida. A segunda é um hino muito agradável. A terceira frase é a pura verdade. A última é a condição de quem se afasta de Deus.

Consideremos agora todas essas palavras que pesam como rocha, que soam como um ultimato.

Longe de Deus somos como migrantes em território hostil. Longe de Deus não estamos mais em casa. Absolutamente sozinhos, ainda que façamos de tudo para não percebê-lo.

Longe de Deus somos como Adão e Eva depois do pecado original: amedrontados e escondidos.

Pode-se estar longe de Deus de muitos modos: evidente, declarado, dissimulado, íntimo. Distância de mente e de coração.

E isso por falta de humildade, caridade, justiça e sabe-se lá mais o quê.

Longe de Deus por livre escolha, por indiferença, preguiça, apatia, recusa, orgulho, soberba, vaidade, ignorância, desafio.

Seja como for, longe.

Se estamos longe de Deus, ele também está longe de nós, e nenhuma súplica pode chegar até sua presença. Assim, o medo continua a morar em nosso coração. Distantes de casa nos sentimos vulneráveis. Distantes de Deus vivemos com medo. Mas o homem não gosta do medo e tenta livrar-se dele como pode, com os recursos disponíveis do ponto de vista humano. Sem se dar conta, cai no domínio do poder, do dinheiro, da luxúria.

Isso é o que o mundo lhe oferece. Mudam as proporções, as porções, as receitas, a quantidade, mas a comida é sempre a mesma. Os restos que encontramos quando não nos sentamos à mesa do Pai.

É uma corrida interminável, porque o medo tem dimensões abissais.

A provação

Deus prova todo homem. E cada um, tocado no seu íntimo, pode chegar à santa aceitação ou à negação mais determinada.

Um exemplo admirável de aceitação do querer divino nós encontramos no Livro de Jó, no Antigo Testamento.

A história desse rico chefe árabe é o arquétipo do drama que vive a humanidade quando é confrontada pela dor da provação.

Com a permissão de Deus, Jó é submetido por Satanás a duríssimas provas. Atingido profundamente em seus interesses, seus afetos e males físicos, depois de um período de desolação, consegue reconciliar-se com Deus. Reconhecendo seu erro, pede perdão; perdoado e reconhecido, retorna à antiga aliança com Deus, recebe novamente dons e graças em quantidade maior do que antes.

É uma história muito bonita, na qual se lê passagens iluminadoras sobre o ser humano e sobre Deus e poderá ajudar-nos em muitas ocasiões difíceis.

Ler essa história não vai evitar os sofrimentos da nossa vida. Não vai trazer uma criança de volta à vida, não vai evitar as nossas dores, nem anular nossos erros, mas talvez descortine um horizonte novo no qual possamos inserir nossa própria experiência. E também uma esperança. Unida a uma concreta possibilidade de reconciliação.

O Livro de Jó é cheio de sabedoria, aconselhável a todos quantos passaram ou estão passando por uma provação. Ele explica o porquê do sofrimento.

> ... é o SENHOR vosso Deus que vos prova: ele quer saber se de fato amais ao SENHOR vosso Deus com todo o coração e de toda a alma (Dt 13,4).

É difícil ler essas palavras. Como se vê, o caminho é sempre mais estreito. Seremos tentados a desanimar.

Mas Deus quer saber se o amamos de todo o coração, com toda a nossa alma.

Nesse ponto é preciso fazer uma pausa e respirar profundamente.

Feche o livro, feche os olhos e medite profundamente essas palavras. Leve o tempo necessário.

Se nunca fez isso antes, será um momento importante e único. Se já fez, será uma oportunidade de certificar-se.

Em ambos os casos, essas palavras terão sido lidas e relidas para que sejam penetradas e para que o pedido abissal que Deus faz a cada um de nós seja meditado. Não temos nem ideia do significado real da expressão "de todo o coração e com toda a alma". Podemos enganar-nos, dizendo que amamos a Deus.

Porém, se queremos ter uma ideia da intensidade do amor que temos por Deus, pensemos em que estamos dispostos a oferecer a ele, em que estamos dispostos a renunciar por ele, em que estamos dispostos a fazer por ele.

A nós, podemos mentir. A Deus, não. Ninguém foge dele. Não podemos disfarçar um piscar de olhos e muito menos as nossas intenções. Ele sabe até quantos fios de cabelo temos em nossa cabeça.

Estamos nus diante dele.

Com Deus não há "se" ou "mas".

Portanto, a diferença não é tanto porque Deus nos põe à prova, mas sim o que fazemos quando somos postos à prova. Rebelamo-nos ou aceitamos? Porque, não importa nossa opinião, seremos todos postos à prova.

Abandonarmo-nos ou desesperarmo-nos é, mais uma vez, questão de livre-arbítrio.

Não nos enganemos dizendo que é muito difícil ou que é muito duro. Pensemos na imensidade do amor do Pai e nos sofrimentos físicos e morais de Jesus Cristo. No que sua mãe teve de ver e sofrer. Nas atrocidades sofridas pelos santos mártires.

Aos poucos, tudo se relativiza e nos permite, mesmo na dor, prosseguir com coragem. Sabemos que viver as provações na fé e no abandono é prelúdio de graça e santidade. Às vezes é uma prova duríssima de fidelidade. Às vezes chega ao limite. Às vezes dilacera o coração; às vezes devasta o nosso orgulho ou nos leva ao abismo de nossa impotência. O que pode o ser humano diante de Deus? Jó se pergunta e grita a Deus. Também nós perguntamos e gritamos a Deus. Estou certo de que Deus atende sempre a quem, em humildade e em abandono verdadeiro e sincero, pede ajuda e graça. Sou testemunha disso. A tarefa de vestir-nos de santa humildade e de filial obediência é o visto que dá acesso ao amor de Deus Pai. Viver a provação com fé e esperança demonstra coragem. A fé nos dá a certeza de que Deus nos dará conforto. A esperança nos faz desejar, do fundo do coração, que a provação seja breve. Rezemos então, incessantemente, e apeguemo-nos à cruz de Cristo. Peçamos ao Espírito Santo que nos ilumine para sabermos o propósito da provação, que ensinamento devemos tirar dela. Depois, com humildade, após termos rezado, louvado e agradecido, permaneçamos em silêncio. Deixemos que o Espírito Santo nos fale.

Para muitos, isso poderá parecer demasiado. Insuportável, desumano. Coisa dos tempos antigos. Mas a única coisa que sabemos é que somente a fé pode dar-nos uma resposta. A alternativa é a solidão, a depressão, o desespero e, em casos extremos, o suicídio.

O medo é um modo como Deus nos põe à prova e observa como reagimos. No entanto:

> Depois desses acontecimentos, Jó viveu ainda cento e quarenta e quatro anos e viu seus filhos e os filhos de seus filhos até a quarta geração. E morreu velho e cumulado de dias (Jó 42,16-17).

O apego

Na Primeira Carta a Timóteo, São Paulo escreve:

> Então, tendo com que nos sustentar e nos vestir, fiquemos contentes. Pois os que querem enriquecer caem em muitas tentações e laços, em desejos insensatos e nocivos, que mergulham as pessoas

na ruína e perdição. Na verdade, a raiz de todos os males é o amor ao dinheiro. Por se terem entregado a ele, alguns se desviaram da fé e se afligem com inúmeros sofrimentos (1Tm 6,8-10).

Nada a acrescentar às palavras dessa insuperável testemunha de Jesus Cristo. Nada! É verdade o que dizem: quanto mais a pessoa é apegada àquilo que possui, mais tem medo de perdê-lo.

Poder, dinheiro, prestígio, beleza, juventude.

Quando crianças, ensinavam-nos a fazer um exame de consciência no fim do dia. Depois tornamo-nos adultos e essas coisas nos pareceram superadas. Não mais as praticamos e esquecemos tudo.

E esquecidos do conselho da fábula do Pinóquio e da Lei de Deus, abriram-se diante de nossos olhos as portas do país dos brinquedos e do relativismo, onde podemos tudo, quando queremos tudo, tudo que mais nos agrada. Enfim, tudo é lícito, contanto que funcione. O último delírio do homem contemporâneo. Se fôssemos humildes o suficiente para reler as *Aventuras de Pinóquio*, quanto aprenderíamos!

Mas o delírio da onipotência, obviamente, não tem custo zero. Pelo contrário.

Quantos tormentos inúteis surgem do apego! Quanta energia desperdiçada! Quantas ocasiões jogadas fora!

Ansiedade, medo, noites insones, enganos, injustiças, prevaricações, traições, violências, guerras, assassinatos, abortos! Quantos pecados! Quanta distância de Deus!

Poder, dinheiro e prestígio são sereias a cujo canto dificilmente o ser humano resiste.

Até mesmo as pessoas mais retas, honestas e mais desapegadas das vaidades não podem jamais dizer-se imunes aos ataques sutis e por vezes aparentemente inocentes e ingênuos da tentação! O único critério do nosso agir é a intenção. Somente ela nos pode dizer de que lado estamos: apegados ou desapegados. É verdade que não se nasce sem apegos. Toda a nossa educação e o nosso adestramento são orientados e estruturados para o apego.

Vivemos competindo para agradar e conquistar os pais, os irmãos, os colegas de escola, os professores, o namorado, o marido, a mulher, os amigos, a carreira, o prestígio, a casa, o dinheiro. É uma corrida infinita para ter mais do que os outros.

Há quem tem muito e há quem tem pouco. Trata-se, então, de averiguar antes de tudo a intenção do nosso agir cotidiano. Quais são as nossas ações, as nossas metas, os nossos desejos, por que e como trabalhamos? Quando nos levantamos pela manhã, qual é o nosso primeiro pensamento? O que nos impulsiona e para onde nos impulsiona?

A este ponto será possível, com toda sinceridade, averiguar de que temos medo porque descobriremos a que somos apegados. Esse é o primeiro passo para a liberdade.

O Mal

> Acalmai a ansiedade angustiante do vosso coração e tirai da vossa fantasia todos esses pensamentos e sentimentos de aflição. Estes são sugeridos por Satanás, a fim de fazer-vos prevaricar. Jesus está sempre convosco, também quando vos parece que ele não está presente (Padre Pio).

O Mal pode certamente dar medo. É uma das maneiras de separar o homem de si mesmo e de Deus.

Ele nos quer amedrontados, divididos, tristes, frágeis e distantes de Deus.

O seu modo de agir é notável: instiga-nos a fazer o mal ou põe obstáculos a fazermos o bem. Ele usa o medo para impedir-nos de fazer o que é bom, justo, honesto e verdadeiro, de praticar a caridade, a paz, o amor e o perdão. Usa o medo também para afastar-nos do presente. Faz de tudo para impedir-nos de ancorar no presente.

Aquele que é o "pai da mentira e homicida desde o princípio", geralmente se manifesta com estes pensamentos: não estou à altura, não me darão crédito, não vou conseguir, eles são melhores do que eu, não vou aguentar, não sei o que pensarão de mim, tenho medo de pedir desculpas, de pedir perdão, de admitir que errei, não sei o que me pode acontecer se…, Deus não me ama, Deus me abandonou. Tais pensamentos serão ainda mais insistentes quando se tratar de fazer o bem. Porque para o Mal, o bem é insuportável. O gesto de amor, uma derrota; a caridade, um sofrimento; a alegria, uma dor; o abandono em Deus, uma afronta; a fé em Deus, um escárnio; a humildade, um sofrimento; o desapego das coisas do mundo e da vaidade, uma doença; a obediência e a submissão a Deus, a morte.

Ou, ainda, o inimigo projetará pensamentos que lembram perda: perdas econômicas, despesas enormes. Pensamentos que perturbam. Pensamentos de medo.

Ele fará de tudo para confundir, insinuar, dividir.

Saber disso é uma graça. Não dar-lhe ouvidos, uma salvação.

Contestá-lo, a nossa tarefa. A nossa única e verdadeira tarefa.

Em tais casos, é vital antes de tudo ser vigilantes, atentos, perceber que se está sob a mira de ataques. Reconhecer que um pensamento de medo perturba nossa tranquilidade. Não aceitá-lo.

O simples fato de reconhecê-lo já nos permite superá-lo.

Depois, transformar aquele mau pensamento em amor, fé, certeza em Deus.

Como? Agindo de modo oposto.

O pensamento de medo poderia dizer-me: "não conseguirei". Eu o transformo, rebatendo de imediato: "tudo posso naquele que me fortalece". Ou então: "Senhor, tu és o meu Deus, minha salvação. Nada temo quando estou contigo". Ou ainda: "Senhor, somente em ti eu confio. Tenho certeza de que me ajudarás".

Não te deixes vencer pelo mal, mas vence o mal pelo bem (Rm 12,21).

É importante permanecer de prontidão e reagir imediatamente, não perder tempo entre um pensamento de medo e a nossa transformação. Crer e ir a Deus.

Louvar a Deus, agradecer-lhe, rezar, ter certeza do seu auxílio.

Mas não só com a mente, ou porque leu ou porque ouviu o pároco dizer. Isto de nada serviria. É preciso fazer, e fazer de coração, isto é, com a conversão do coração.

É preciso viver a certeza de Deus no mais profundo do nosso ser. Então, algo acontecerá, contra toda a evidência, contra toda a esperança. Porque Deus é onipotente. Na certeza do seu amor, como quando, em pequenos, tínhamos certeza de que nossos pais resolveriam os nossos problemas. Bastava-nos ir a eles, que sabiam o quê e como fazer. Vivamos a certeza de que Deus nos ama. Que ele não nos abandona jamais, se lhe formos fiéis. Porque viver tudo isso com intenção pura e coração de criança permite-nos superar os momentos de medo. E então, sim, o medo se transforma. É como um pesadelo que se desfaz, porque não tem nosso apoio, porque já estamos amparados nas mãos de Deus.

Pensamentos de medo podemos ter, mas só momentâneos, porque se esvaem assim como vieram. Jamais permanecem em nós, pois Deus intervém sempre quando ouve nosso grito de socorro. Ele jamais nos abandona sob o poder do inimigo.

A falta de fé

A cena é no mar da Galileia. Navegando no mar de Tiberíades, à tarde, uma tempestade surpreende os discípulos, ameaçando-os de morte. Jesus dorme. Aterrorizados, os discípulos despertam-no, pedindo ajuda. Após ter acalmado o mar, Jesus repreende os apóstolos:

> Por que sois tão medrosos? Ainda não tendes fé? (Mc 4,40).

Muitas vezes a tempestade nos pega de surpresa. De modo imprevisível, inesperado, aparece em nosso caminho, deixando-nos desorientados. E muitas vezes nós, como os apóstolos, sentimos medo.

Se Jesus estivesse ao nosso lado, o que ele nos diria? Não diria também a nós: "Ainda não tendes fé em Deus Pai Todo-poderoso?".

E nós, sinceramente, o que lhe responderíamos? Também nós estamos nesse barco todos os dias. Não importa se o tempo esteja bom ou se uma tempestade se aproxima. O salmista nos ensina:

Espera no SENHOR e faze o bem: assim permanecerás na terra e terás segurança. Põe no SENHOR tuas delícias e ele te dará o que teu coração pede (Sl 37,3-4).

E Jesus Cristo confirma:

Não se perturbe o vosso coração! Credes em Deus, crede também em mim (Jo 14,1).

Eu creio – e posso dar testemunho – que, quando se deseja verdadeiramente a união com Deus, a pessoa jamais fica sem resposta. Deus responde a seu tempo e a seu modo, mas responde sempre.

Portanto, a nossa fé atinge o nosso desejo e o nosso desejo toca em nosso livre-arbítrio. A fé nutre-se de liberdade, de desejo e de verdade.

A fé nasce de um coração puro, humilde, desapegado, livre do amor próprio, mas rico de amor por si e por Deus.

Acho que, se pudéssemos ouvir o Pai celeste, ouviríamos estas palavras: "O ser humano deve entender e descobrir a própria liberdade através da verdade, à qual se chega somente pelo caminho de Jesus Cristo. Ó homem, faze como quiseres. Experimenta, erra, encoleriza-te, desespera-te, exerce os teus poderes, desafoga tuas fantasias, experimenta todos os males que quiseres, mas no final descobrirás que existe um único caminho que leva à verdadeira vida e à liberdade. Mas é preciso que o descubras por ti mesmo. Se eu te dissesse, poderias não me dar crédito ou mesmo duvidar. Mas desta forma serás tu mesmo a experimentar e a viver o teu desejo. Descobrirás que, humanamente falando, quem vence é que perde e quem perde é que vence. Descobrirás que somente em mim há alegria, paz e serenidade. Não é fácil, mas é simples. Exige esforço, mas é a única maneira. E nunca estarás sozinho: basta que tu o queiras. Depende somente, e ainda uma vez mais, de ti".

A fé depende de nós. É claro, é dom de Deus. Mas é um dom que premia o nosso desejo. O desejo de sermos criaturas em relação ao Criador.

O desejo de obediência. De humildade. De verdade. De justiça. De paz. De amor. De perdão. De caridade. De tudo aquilo que é puro, intimamente belo e bom. Desejo de Deus.

Fora desses desejos, permanecemos sós, astronautas do nada.

E nessa solidão, tudo somado e nada descontado, é mais que certo sentir medo.

O medo que sentimos em nossa vida é resultado da nossa falta de fé. Ou temos fé ou temos medo. Não existe meio-termo. Ter medo é obra do Mal, não de Deus.

Quem não crê não sobrevive (Is 7,9).

Ter fé é viver com Deus cada instante do dia e da vida.

Ter fé é um ato livre, incondicional, puro e firme do nosso livre-arbítrio.

A fé é o único antídoto do medo.

Por isso, eu vos digo: não vivais preocupados com o que comer ou beber, quanto à vossa vida; nem com o que vestir, quanto ao vosso corpo. Afinal, a vida não é mais que o alimento, e o corpo mais que a roupa? Olhai os pássaros do céu: não semeiam, não colhem, nem guardam em celeiros. No entanto, o vosso Pai celeste os alimenta. Será que vós não valeis mais do que eles? Quem de vós pode, com sua preocupação, acrescentar um só dia à duração de sua vida? E por que ficar tão preocupados com a roupa? Olhai como crescem os lírios do campo. Não trabalham, nem fiam. No entanto, eu vos digo, nem Salomão, em toda a sua glória, jamais se vestiu como um só dentre eles. Ora, se Deus veste assim a erva do campo, que hoje está aí e amanhã é lançada ao forno, não fará muito mais por vós, gente fraca de fé? Portanto, não vivais preocupados, dizendo: "Que vamos comer? Que vamos beber? Como nos vamos vestir?". Os pagãos é que vivem procurando todas essas coisas. Vosso Pai que está nos céus sabe que precisais de tudo isso. Buscai em primeiro lugar o Reino de Deus e a sua justiça, e todas essas coisas vos serão dadas por acréscimo. Portanto, não vos preocupeis com o dia de amanhã, pois o dia de amanhã terá sua própria preocupação! A cada dia basta o seu mal (Mt 6,25-34).

A educação

Em sua Carta aos Romanos, São Paulo analisa com grande precisão a alma humana, que ele demonstra conhecer em profundidade. Em poucas palavras, ele diz uma verdade abissal. Mas o diz de modo simples e imediato, usando de uma clareza que fascina, pela profundidade e beleza:

> De fato, não entendo o que faço, pois não faço o que quero, mas o que detesto (Rm 7,15).

Nessas poucas palavras, o grande evangelizador institui as bases para a análise psicológica. Num átimo ele entra em nosso íntimo e nos desnuda.

Tais palavras nos ajudam a descobrir que dentro de nós há um mecanismo abaixo do nível de nossa consciência que se encarrega, autonomamente, de fazer muitas coisas. E o faz sem que nós o saibamos. É ele que comanda, que dirige. Nós nem nos damos conta. Isso pode até vir a ser cômodo, arriscado ou perigoso.

Nós nascemos e crescemos num determinado contexto, macro e micro.

Um contexto macro, composto pelas características próprias de cada continente, das nações, sem esquecer-se das várias regiões e das infinitas cidades.

Um contexto micro, composto de família, educação, valores, escola, amizades.

De todas essas situações – macro e micro – nós assumimos características precisas. É claro que o ambiente que mais incide em nossa formação é a família. Esse "lugar" de usos e costumes, de frases ditas e não ditas, de olhares e de silêncios, influi especialmente sobre o nosso crescimento. Acrescente-se que nem sempre a educação segue uma linha reta. Por exemplo, no interior da família podem manifestar-se cenários, características, mais direcionamentos que por vezes se opõem, se contradizem.

Às vezes evidenciam-se determinados aspectos de caráter de um dos genitores. Às vezes são limitantes, às vezes, prejudiciais. Ou podem tornar-se condicionamentos, plágios, ou injustiças, confusões e medos.

Ora, para o nosso corpo não é a mesma coisa viver à beira-mar ou na montanha; na África, na Austrália ou nas Américas. E o mesmo vale para aquilo que comemos, que bebemos, que sentimos, que assimilamos, que ouvimos e percebemos na vida cotidiana, sobretudo na família. Nossos sentidos captam o ambiente. O nosso corpo assume o ar, a água, o alimento, as palavras; vive e se desenvolve também em função daquilo que recebe. Portanto, se recebemos amor, *podemos* tornar-nos amorosos. Mas se recebemos medo, *tornamo-nos* medrosos. Em suma, se o corpo humano, no decurso de sua educação, recebe um medo estruturado, não ocasional, ele o manifestará. Torna-se espelho do seu medo.

Isso nós podemos constatar no olhar da pessoa, na sua postura, no seu peso, nos seus modos, nos seus gestos. Tudo fala, também o seu corpo!

E se o corpo é marcado pelo medo, com maior razão o será a psique.

Daí procede o nosso modo de pensar, de raciocinar, de viver, de falar.

O que dizemos e como dizemos é também uma consequência direta de nossa educação. Poderíamos, pois, admirar-nos de uma pessoa medrosa que teve um pai medroso? Não! Porque os filhos, com frequência, são o espelho dos pais.

É verdade que nem sempre isso acontece, há exceções, mas, em linhas gerais, a correlação é sempre mais que evidente.

Ora, se o pai ou a mãe tinham frequentes reações de medo, pensamentos de medo, palavras de medo, certamente o filho ou a filha assimilaram, ainda que inconscientemente, o medo. Logo, não nos admiremos se essa pessoa diz ou pensa inconscientemente no medo. É por isso mesmo que ela sempre diz: "Não, não faço isso, porque tenho medo" ou que um pensamento, um estado de ânimo a bloqueie. O resultado será sempre o mesmo, não muda. Ela não fará tal coisa. Porque tem medo, vive o medo. É o mecanismo – a que nos referíamos antes – que controla tudo isso. E aquela pessoa, parafraseando São Paulo, poderia muito bem dizer: "Não entendo porque tenho medo de fazer isso ou aquilo".

O medo é para ela como uma marca de fábrica, que se instala no seu consciente ou no seu inconsciente. Tornam-se um só. Para ela é normal. É um mecanismo que lhe inculcaram ao "educá-la". E que agora se tornou o "seu" mecanismo, o "seu" programa.

Este é o ponto central.

Para entender bem a gênese do medo nessa pessoa, é preciso distinguir entre posse e propriedade. Por isso as aspas no "seu": o mecanismo é "propriedade" ou "posse", está permanentemente em uso ou lhe foi "emprestado"? Os genitores um dia o tomarão de volta? Não, os genitores não podem retomar o mecanismo transmitido. O que está feito, está feito. No máximo podem dizer: fizemos o que pudemos, o que sabíamos.

E quanto aos genitores, eram proprietários ou tinham a posse? E os genitores dos genitores? Assim por diante, até chegar ao início dos tempos, onde encontraremos Adão e Eva.

Ali, a nossa pesquisa terminaria. Encontraríamos os verdadeiros e únicos proprietários do medo. Depois deles, por descendência ou hereditariedade, todos tiveram apenas a posse. A herança do pecado.

A mente que engana

Diz o segundo mandamento da lei de Deus: "Amarás o teu próximo como a ti mesmo". Analisemos a segunda parte: "Amar a ti mesmo".

Certamente muito poderíamos dizer a esse respeito, mas uma coisa é importante dizer agora: amar a si mesmo, antes de tudo, significa reconhecer o próprio mal a fim de evitá-lo. Posso não saber nada de bom sobre minha pessoa, mas se ignorar o mal presente em mim, corro risco. E se não o evito, já estou em perigo.

> Filho, na tua vida põe à prova tua alma: vê se algo a prejudica e não lho concedas. Nem tudo convém a todos, e não a todos agrada qualquer coisa (Eclo 37,27-28).

Até mesmo Jesus precisou aprender a discernir o mal e o bem.

Pois bem, o próprio SENHOR vos dará um sinal. Eis que a jovem conceberá e dará à luz um filho e lhe porá o nome de Emanuel. Ele vai comer coalhada e mel até aprender a rejeitar o mal e escolher o bem (Is 7,14-15).

Lembremos: nem tudo é bom para nós. Se quisermos realmente ser livres e viver o nosso bem e usufruir de uma vida cheia de alegria e de boas oportunidades, em conformidade aos talentos recebidos, precisamos reconhecer e evitar nosso mal que está em nós.

E ainda: distinguir corretamente aquilo que é bom, justo e verdadeiro para nós.

Isso exige atenção constante e disposição para evitar seduções e fantasias. E então fazer boas escolhas, cotidianas, contínuas. Escolhas relativas aos nossos pensamentos. Porque tudo começa em um pensamento. Todos os nossos raciocínios, as nossas ações e omissões começam num pensamento. Tudo o que dizemos, o que fazemos ou deixamos de fazer nasce num pensamento. É como uma semente que toma corpo, estrutura-se e torna-se grande. Também o nosso bem e o nosso mal são consequências diretas dele. Dada a importância vital que cada pensamento encarna, por aquilo que dele será criado, condicionando a nossa vida, paremos um minuto, reflitamos e questionemo-nos: temos certeza de que lhe estamos dando a devida atenção? Ou melhor: prestamos atenção aos nossos pensamentos? Ou achamos que isso não tem importância?

Estar atentos àquilo que nos passa pela cabeça é um trabalho árduo e praticamente desconhecido. Mas não existe outro caminho para evitar o mal e escolher o bem.

Sim, trabalho árduo, que exige dedicação, exercício, prática, conhecimento, e que deveria ter início na infância.

Como podemos saber que os pensamentos devem ser analisados e meditados com atenção? Quem nos advertiu que um pensamento é um poderoso meio de transporte que nos leva a qualquer parte? Não temos nem ideia dessa consequência até que nos encontremos num lugar desconhecido, não escolhido, frequentemente penoso.

Talvez soframos e não saibamos o porquê e como fomos terminar ali. Chegamos ou caímos ali levados por nossas palavras.

Compreendemos então o quanto é importante saber aonde os pensamentos podem nos levar, o que eles querem, o quanto nos farão pagar e o que pretendem em troca.

Parece-me poder dizer que o ser humano, infelizmente, não está atento aos seus pensamentos. Menos ainda às suas intenções ou aspirações mais profundas. Ou seja, quem sou, o que sou, o que me tornei, quais são meus sonhos, como os realizo, como faço, porque o faço, a que renuncio e por que renuncio. Cai-se facilmente na rotina, no marasmo, no comprometimento, num viver tranquilo, no medo de escolher ou de assumir responsabilidades primeiramente em relação a si mesmo, e tudo isso bloqueia nossa vida, os nossos desejos mais profundos, a nossa necessidade de liberdade verdadeira, e nos faz prosseguir num cotidiano apático, cheio de tudo e de nada, denso de tristeza e de pobreza interior.

Essa ignorância e esse talvez não querer saber acarretam graves consequências. A primeira e mais imediata é que a pessoa corre o risco de não ter consciência de si e daquilo que faz.

Percebe apenas – isso sim! – que está bloqueada ou é empurrada, atraída, instigada por tudo aquilo que gira ao redor e fora dela. Nada mais que isso. Sente-se como um expectador ausente, incapaz de reagir ou de manifestar sua revolta.

É cada vez mais "um vazio" preenchido por impulsos velozes, insaciáveis e irresistíveis. Tudo é imediato. Constantemente estimulado pelos truques de um mercado que produz, em ritmo frenético, jogos, tentações, modas, atrações que chamam a atenção visual, tátil, gustativa. Um indivíduo distraído da arte do essencial, cientificamente amedrontado, confuso, domesticado e orientado a competições e resultados. Enganado, alheio de si mesmo e dos outros. Onde tudo, dentro e fora dele, gira depressa, sempre mais rápido. Sem tempo para si mesmo. Privado da calma, do ritmo da natureza, da percepção das coisas, da reflexão, da meditação, do sentir. Do repouso, da paz.

É um ser continuamente instigado pelo egoísmo, pelo individualismo, pelo hedonismo, condicionado por evidentes, insuportáveis e vulgares apelos sexuais. Seu dia a dia parece mais um programa de televisão do que um dia vivido e pensado. Não há interesse nem tempo para uma análise atenta daquilo que o rodeia e daquilo que o anima. Uma bobagem depois de outra até a indigestão.

Sem saber ou sem querer reconhecer e escolher o seu bem (psíquico), acaba por encontrar-se em companhia do mal (psíquico). Se os pensamentos não são vigiados, tudo é aceito.

Sim, o ser humano faz mal a si mesmo, contaminando-se com pensamentos irreais, insalubres, impróprios, fantasiosos, mentirosos e de medo. Primeiro ele adoece nos pensamentos, depois, no corpo. Adoece depois de ter-se empanturrado e sobrecarregado de pensamentos-lixo.

Engolidos, sem consciência, dia após dia. Raiva após raiva. Medo após medo.

Tudo isso sofre o ser humano quando os pensamentos o dominam.

O único modo de resistir e fugir dessa tirania é, justamente, sondar, peneirar, analisar nossos pensamentos e os que nos são apresentados para ver aonde querem nos levar e, nesse caso, opor-se a eles. Mas para fazer isso precisamos de um aliado, um amigo em quem confiar, um verdadeiro termo de comparação, uma verdadeira reserva de vantagens. Uma "prova dos nove" infalível.

Somente a Palavra de Deus tem essas características. Eu não conheço outra.

Mas a Palavra de Deus só pode realizar esse trabalho em nós se ela viver em nós. Se formos nutridos por ela, se a meditarmos, se a amarmos.

Pois se ela não vive em nós então não existe um verdadeiro discernimento à luz dessa Palavra e, portanto, à luz da Verdade.

Por consequência, qualquer pensamento poderá entrar em nós e causar desastres, caso não encontre a sentinela da Palavra de Deus.

O que faz um espião num campo inimigo? O que faz um vírus no corpo? Uma mentira na paz de uma família? Uma insinuação nas relações pessoais? A raiva no fígado? A dúvida num casal? A obsessão no equilíbrio pessoal?

Intoxica. Mina. Destrói.

Ao permanecer nesse estado, acaba-se por adoecer.

Segundo a OMS (Organização Mundial da Saúde), em 2020 um jovem em cinco terá distúrbios mentais, os quais passarão para o segundo lugar depois das doenças cardíacas.

Uma pessoa sem verdadeiro discernimento e sem Amor adoece no coração e nos pensamentos. E no fim essa pessoa acaba numa prisão, da qual parece nem querer sair. Embora triste, doente, sozinha e atormentada por uma espécie de "Síndrome de Estocolmo", onde carcereiro e encarcerado se confundem, parece que deseja permanecer reclusa. Talvez para evitar outros carcereiros ou para fugir da responsabilidade da liberdade. Ainda assim dominada por paranoias e obsessões que, de prisões mentais, se tornam bancos de areia movediça.

Se quisermos uma imagem, pensemos num velho gramofone que toca sempre a mesma música. É exatamente isso que acontece em nosso cérebro quando falta o discernimento. Não é um trabalho fácil e ninguém nos ensina.

Se alguém se julgasse isento de tal perigo e livre dessa chaga, poderia, então, parar um instante e sintonizar esse seu disco riscado e prestar atenção à música. Não seria difícil. Cada um de nós ouviria a sua própria música e poderíamos começar a perceber algo de nós mesmos, conhecer-nos um pouco melhor, iniciar um despertar.

Poderíamos descobrir como soa, o que ela diz, o que deseja, do que tem medo, o que anseia, o que odeia e o que jogaria fora. Perceberíamos de imediato a importância de conhecer a nossa música. Poderíamos nos assustar ao ouvi-la pela primeira vez. Mas poderíamos também trocá-la por outra, de que gostássemos mais. Iniciar um movimento para transformar-nos em instrumento e orquestra, inteiramente música. Porque na falta desse trabalho, a alternativa é triste e miserável.

Além de tudo, além de estar mal, além do medo e dos prejuízos físicos e psíquicos, além dos danos, sem discernimento poder-se-ia encontrar também a zombaria. Poder da mente que engana.

Um conhecido meu tinha medo de que o filho se drogasse. Esse medo o torturava diariamente. Parecia hipnotizado por esse pensamento, por esse medo, e nada o distraia ou acalmava. Seu tempo era consumido por obsessões rítmicas que muitas vezes durante o dia arruinavam o seu equilíbrio e impediam-no de viver tranquilo e em harmonia. Um disco riscado que girava sem parar. Nada nem ninguém conseguia fazê-lo ouvir aquele pensamento. Queria estar ali. Atraído, seduzido e vencido. Uma espécie de delírio em que o pensamento havia tido vantagem.

O que fazer? Que remédio tomar? Onde encontrar salvação? Como chegar à liberdade?

A única saída para ele era escolher o seu próprio bem. Ele não quis. Continuou sozinho com suas manias.

Pouco tempo depois, soube que seu filho caíra nos laços da droga.

Esse fato nos faz refletir e tirar dele uma lição.

A moral da história é que, às vezes, a autoprofecia se realiza. Aquilo em que acreditamos se materializa. Aquilo que nutrimos se desenvolve.

Atenção, pois! Se alimentamos o medo, arriscamos criá-lo.

Desse fato e de outros semelhantes podemos tirar alguns ensinamentos.

> ... para que, em Nome de Jesus, todo joelho se dobre no céu, na terra e abaixo da terra, e toda língua confesse: "Jesus Cristo é o Senhor", para a glória de Deus Pai (Fl 2,10-11).

Quer dizer, assim como todo joelho se dobra em nome de Jesus, assim também se dobra à Palavra de Deus.

Não existe um pensamento que possa fugir à Verdade, se somente nós o colocamos no crivo do Verbo encarnado. Nada e ninguém nos podem enganar se fizermos esse trabalho. Se quisermos viver na paz, na verdade, longe do medo, livres e serenos, não devemos fazer outra coisa senão colocar todo o nosso pensamento, toda a nossa palavra sob a luz da Palavra de Deus. Porque tudo aquilo que não vem de Deus não consegue aproximar-nos da Verdade. Enlouquece.

A Palavra de Deus ilumina tudo aquilo que nos circunda.

Dessa Palavra nasce a verdade, porque ela é a verdade.

E porque nada resiste à verdade, então a mentira, o engano, a falsidade e o medo automaticamente se afastam de nós para dissolver-se como neve ao sol.

Deixa-nos inteiramente livres.

Viver em Deus, com Deus, por Deus: discernir, escolher e viver os nossos pensamentos à luz da sua Palavra. Que imensa graça!

Dúvida alguma nos assaltará, nenhum engano nos desencaminhará, nenhum medo nos perturbará. Nunca.

Alem desse ensinamento, não nos esqueçamos da sua consequência: se nos deixamos amedrontar ou se qualquer pensamento perturba nosso equilíbrio, nós não nos amamos. E se não nos amamos, deixamos de respeitar o segundo mandamento. Pense nisso.

A depressão

Cerca de quinze por cento da população mundial sofre de depressão. Creio que esta seja uma estimativa baixa.

Somente na França, consomem-se 45 milhões de comprimidos antidepressivos ao ano para uma população de 60 milhões de habitantes. Esse estado de tédio, apatia e cansaço, esse estado de falta de alegria, de vontade de viver e de medo é antigo. Temos um testemunho no Antigo Testamento. Trata-se do rei Antíoco:

> Ao ouvir tais notícias, Antíoco ficou apavorado e transtornado totalmente, caindo sem forças em seu leito. Adoeceu de tristeza, por não terem sucedido as coisas conforme tinha pensado. Ficou aí por muitos dias, aumentando nele a tristeza, cada vez mais, até pensar que ia morrer (1Mc 6,8).

Que havia acontecido com esse rei para terminar nesse estado? Ele mesmo o reconhece:

> Agora me lembro das maldades que cometi em Jerusalém [...] Reconheço que é por isso que estas desgraças me atingiram, e agora morro com tanta tristeza, numa terra estranha! (1Mc 6,12-13).

Desse texto podemos concluir duas verdades:

Primeira: se pretendemos manter o controle das situações, encontraremos fortes desilusões e prováveis doenças.

Segunda: o mal cometido funciona como um bumerangue: volta sempre ao ponto de partida. Atinge-nos no corpo e no espírito.

Um dos mais ilustres cardiologistas do Brasil, Roque Marcos Savioli, do Instituto do Coração, de São Paulo, afirma:

> Vi que, além das causas orgânicas amplamente estudadas pelos peritos, na sua etiologia é um componente espiritual: a depressão surge quando, independente do quadro etiológico orgânico, há na vida da pessoa a ausência de Deus.[1]

---

[1] In: BORGES, Antonio Maria. *Novena pedindo a cura da depressão.* São Paulo: Quadrangular.

A Palavra de Deus é o mais poderoso medicamento que eu conheço. Verdadeiro, gratuito, sempre disponível, sem efeitos colaterais, natural.

O controle

Nas tuas mãos entrego meu espírito (Sl 31,6).

A vida é sempre imprevisível. Cada momento traz consigo o imprevisto; um instante e tudo poderá mudar.

Para algumas pessoas, essa condição é normal. Antes, fazem disso um contínuo e salvífico apelo à Providência. E alegremente se dessedentam nessa fonte de verdadeira humildade, de santo temor de Deus e de plena conformidade à Palavra do Verbo encarnado. E vivem de modo edificante o controle ou aquilo que podem controlar. E controlam simplesmente, de modo que tudo em sua vida transcorra da melhor maneira, na melhor das possibilidades, naquilo que podem e como faria um bom pai de família. Eles *se* controlam.

Mas não falaremos dessa situação favorável. Ao invés disso, vamos nos ocupar de quem, movido por uma intenção diferente, pretende exercer um controle absoluto sobre coisas e pessoas.

Lá onde, no íntimo, ordena: "faça como eu digo"; "eu exijo..."; "não aceito..."; "é assim que deve ser!".

O controle: um dogma. Um estado mental a exigir que determinada ação seja feita de determinado modo, que um filho faça determinada coisa, que a esposa faça isto e não aquilo. Uma atitude que se estende por todos os âmbitos da vida. Estonteante. Uma pretensão íntima, absoluta, certa.

Porque, para tais pessoas, tudo o que não está sob seu estrito controle é sinônimo de fragilidade e condescendência, uma ofensa à inteligência. Insuportável.

Um déspota. Um lobo em pele de cordeiro. Obsessivo, paranoico, orgulhoso, arrogante, presunçoso. Quase sempre um sujeito inseguro e temeroso do amanhã, alguém que sempre busca um ponto de apoio e que, por encontrar poucos, faz o melhor que pode.

Já percebo o levantar dos escudos de defesa de uma presumida onipotência do indivíduo que, do seu púlpito quer decidir a sua sorte e, sobretudo, quer controlá-la. Que não aceita passivamente sujeitar-se às situações, pessoas ou coisas, mas quer ser, como se diz, artífice do seu destino. Percebo ainda o movimento de tão improvável quanto obstinada defesa para uma atitude permeada por um persistente e perseverante delírio de confronto, impermeável a toda tentativa de racionalização e evidência. É um turbilhão que sopra desde sempre. A partir do mito de Prometeu, que se fez defensor desse modo de viver e agir. E o ser humano, quando perde o senso do limite de criatura em relação ao Criador e à sabedoria do Espírito, quer imitá-lo. A quem pensa que tudo pode quando tudo quer, a vida faz ou fará, inevitavelmente, com que mude de ideia. É só questão de tempo.

As crianças dizem: quero. O sábio diz: sei querer.

Ou seja, há coisas que podemos querer e outras que não. Coisas que podemos fazer e outras não. Coisas que podemos controlar e outras não. Sobretudo, existem coisas que devemos aceitar assim como são. O contrário é uma ilusão.

Para quem cultiva pensamentos de onipotência eu poderia dizer, baseado em minha vida profissional, que a necessidade de controlar tudo e todos é também filha do medo.

Quem busca controlar tudo e se esforça por fazê-lo frequentemente tem medo. Determinar e dirigir todos os aspectos da vida, do trabalho, dos filhos, dos afetos constitui, para alguns, uma quimera irresistível, uma embriaguez, uma euforia corroborante, um aparente estado de paz, quase que uma dependência.

Mas, como em todas as dependências, também aqui se esconde um profundo temor e desalento. Isso acontece porque tal pessoa, aparentemente tão segura de si, jamais se encontrou. Nem sabe quem é.

Preso a um título, a uma profissão, a uma posição social, a um "saber", a um "poder". Um eu puramente imaginário que gira em torno de si mesmo, em torno do seu mundo, percorrendo uma órbita solitária e vinculada onde nunca existe espaço para a alteridade. Um sistema solar em miniatura e escuro.

É assim que se move quem encontrou somente o seu eu.

Contrariamente, quem na vida encontrou a Deus não sente necessidade de controlar coisas, pessoas e situações.

Quem sabe que é filho de Deus não sente necessidade de controlar.

Quem sabe que é filho de Deus não tem medo.

Quem tem consciência de ser filho de Deus, é filho de Deus.

Vive, pois, por escolha pessoal, íntima e profunda, *no abandono* nele, a ele e por ele.

Vive essa escolha com Deus. E a vive por Deus.

O abandono ao Pai é o sal da vida. Somente o abandono em Deus pode dar sentido e sabor à vida.

Aquilo que Deus nos pede

Lembro-me de um homem que jamais respondera a um chamado que Deus lhe fizera. O medo criava obstáculos e se interpunha entre ele e o Pai. Mudar de vida, dar explicações e, ainda, as reações da mãe, que nunca aceitaria tal decisão. Da última vez que o vi, disse-me ter entendido muitas coisas. A mais importante de todas: que durante toda a sua vida o medo tomara as decisões e falara por ele. Disse-me também que sentia o coração encoberto por um véu de tristeza e de arrependimento por uma vida que poderia ter sido diferente.

O chamado divino não fora suficientemente forte, ou seus medos foram mais fortes?

O certo é que o medo havia-lhe imposto o caminho.

Percebia-se que sofria. Toda vez que o encontrava, percebia tristeza em seus olhos. Sinal indelével de uma decisão errada. Não a primeira e talvez nem a última.

Quantas decisões erradas tomamos em nossa vida? Palavras não ditas, gestos de Amor não realizados. Escolhas reprimidas somente por medo. Tudo aquilo que poderíamos ter dito e não dissemos, toda ajuda que poderíamos ter dado e deixamos de dar. Pensemos nos sorrisos, nos carinhos, no Amor que evitamos por medo de expor-nos ao risco de uma rejeição.

Casos semelhantes aos desse homem apresentam-se todos os dias. Quantas vezes, quantas milhares de vezes, Deus terá chamado a uma conversão, a uma consagração, a uma renúncia, a uma ação, a um "sim", a um "não", a um "segue-me!", e quantas vezes as pessoas, por medo, responderam "não"!

Quantos Jonas neste instante dizem não?

Quantos escolhem Társis? E quantos escolhem Nínive de imediato?

"Sou hebreu. Adoro o Senhor, o Deus do céu e da terra, aquele que fez o mar e a terra firme." Os homens ficaram muito assustados e disseram: "Mas por que fizeste isso?". Eles entenderam que Jonas estava fugindo da presença do Senhor, pois ele próprio lhes havia contado tudo (Jn 1,9-10).

Os caminhos do Senhor são imperscrutáveis, mas os caminhos do medo são evidentes. E no caso específico, como em outros, eles nos afastam do bem.

Jonas, por medo do pedido do Senhor, que o mandava ir pregar em Nínive, preferiu ir a Társis, pensando em fugir da vontade de Deus.

Sua decisão, obviamente, tem consequências.

A primeira é a de não ter feito o bem a si mesmo. De fato, quando Deus fala é loucura dizer-lhe "não", pois ele fala sempre para o nosso bem. Qual o sentido de tentar fugir ou dizer "não"? Quando nos negamos à sua voz, fechamo-nos de imediato à graça e às oportunidades que o abandono em Deus nos oferece. Negamo-nos o nosso bem e nos abrimos ao desconhecido.

A segunda consequência é a de colocar em perigo ou prejudicar a nós mesmos e aos outros. Assim como o profeta Jonas coloca seus companheiros de viagem em perigo, também nós podemos, com nossos medos, indecisões e hesitações, colocarmos a nós ou aos outros em perigo. Já vimos quais os efeitos do medo em uma família, mas pensemos no que pode provocar a um casal, a uma comunidade, a um grupo de pessoas, a uma sociedade, a um político que deve tomar decisões, a uma nação.

As escolhas individuais repercutem inexoravelmente sobre os demais. O que aconteceria se o rei de Nínive não tivesse acreditado nas palavras de Jonas? Ou se tivesse dito não, por medo de perder poder diante de seus súditos? Se os cidadãos tivessem se negado a fazer penitência por medo?

A terceira consequência é a de receber um castigo. Jonas passou três dias e três noites no ventre de um peixe. Mas tal castigo foi para ele um tempo de graça, que lhe permitiu refletir, rezar, arrepender-se e louvar a Deus, dizendo:

> "Do SENHOR é que vem a salvação." O SENHOR mandou, então, ao peixe que vomitasse Jonas em terra firme (Jn 2,10-11).

Um castigo salutar. Um mal que veio para um bem.

Não conheço nenhuma pessoa que não tenha precisado enfrentar e atravessar seu próprio deserto, para encarar seus próprios erros, por vezes reconhecidos, por vezes vividos.

Para o profeta Jonas, o deserto parecia nunca terminar: três dias e três noites intermináveis.

Um lugar onde se está só e confrontado unicamente com a relação, existente ou inexistente, com o Absoluto.

A quarta e última consequência é a de ter de fazer tudo aquilo que foi pedido, de um jeito ou de outro.

> A palavra do SENHOR veio a Jonas pela segunda vez: "Levanta-te, vai a Nínive, aquela grande cidade, e anuncia o que vou te dizer". Jonas partiu agora com intenção de ir a Nínive como o SENHOR havia mandado (Jn 3,1-2).

Como se vê, o comportamento de Jonas foi falho. Absolutamente antieconômico e não pragmático. Assim é o caminho de todos aqueles que se submetem ao medo. Especialmente ao medo de dar ouvidos a Deus.

Escondido

Já vivemos alguma vez um período de vida em que ficamos escondidos de alguém ou de alguma coisa?

Lembro-me de uma pessoa que não queria percorrer as ruas do centro da cidade por medo de encontrar determinada pessoa. Outra não se permitia vestir de certa maneira por medo das más línguas. Uma terceira vivia aterrorizada com a possibilidade de encontrar o ex-chefe, que a havia recentemente demitido da empresa. E aquela mulher que não queria saber de casamento nem de filhos para não ter de suportar um marido egoísta e prepotente.

E poderíamos continuar.

Toda vez que ouço uma situação análoga ocorre-me a parábola dos talentos.

> Por fim, chegou aquele que havia recebido um só talento, e disse: "Senhor, sei que és um homem severo, pois colhes onde não plantaste e ajuntas onde não semeaste. Por isso fiquei com medo e escondi o teu talento no chão. Aqui tens o que te pertence" (Mt 25,24-25).

Há quem se esconda, quem enterre um talento, quem soterre a própria liberdade, quem esconda a própria alma, enfim, quem se enterre e renuncie à vida.

Sempre por causa do medo.

Recebemos o inestimável dom da vida e da liberdade, mas nem sempre estamos conscientes disso, nem sempre lhe reconhecemos o valor. Às vezes enterramos os nossos talentos. Às vezes, nem mesmo os conhecemos. Às vezes os jogamos fora. Ou, então, pisoteamos nossa liberdade, vendendo-a por quatro moedas, e por preguiça e covardia não dizemos "não" quando é preciso dizer "não" nem dizemos "sim" quando é preciso dizer "sim".

Ó Pai, perdoa-nos por esse desperdício.

Será que todos conhecemos o final da parábola dos talentos?

Tirai dele o talento e dai àquele que tem dez! Pois a todo aquele que tem será dado mais, e terá em abundância, mas daquele que não tem, até o que tem lhe será tirado. E quanto a este servo inútil, lançai-o fora, nas trevas. Ali haverá choro e ranger de dentes! (Mt 25,28-30).

Parece um contrassenso, mas é a suprema justiça divina.

Entendi isso em Lourdes. Eu estava fazendo uma semana de "acolhida e escuta" naquele fantástico santuário mariano. Estava com um conhecido, ambos hospedados numa casa de religiosos.

A pessoa que estava comigo mostrava-se estranhamente descontente com as acomodações e não reconhecia a hospitalidade que estávamos desfrutando. A semana terminou e eu voltei para casa. Ele quis permanecer lá mais um pouco. Duas horas depois de nos termos separado, tocou o telefone. Era ele, dizendo-me, com voz triste, que a casa que nos acolhera só podia hospedá-lo por mais aquela noite.

Entendi de imediato as palavras do Evangelho: "A quem não tem, até aquilo que tem lhe será tirado".

Outro exemplo. Não tem a ver com Lourdes, mas ajudará a entender o que quero dizer.

Imagine-se na sua casa. Você não tem uma raquete de tênis, mas, às escondidas, alguém guarda uma novinha no sótão. Pode ser qualquer pessoa, não importa quem. Imagine ainda que a sua mulher (ou o seu marido) peça a sua ajuda porque descobriu que a raquete dela (ou dele) estragou e tem uma partida dali a dez minutos. O que você faria? Ofereceria aquela que está no sótão? Não, não pode oferecê-la, porque *ela está lá*, mas *você não sabe!*

O que quero dizer com isto? Que nós temos uma coisa *apenas quando sabemos* que a temos. Essa é a primeira condição: saber que a temos.

Voltando ao exemplo de Lourdes: aquele conhecido não sabia que estava sendo acolhido gratuitamente (e não faço ideia do porquê, talvez por distração, por superficialidade, por algum outro problema pessoal ou sabe-se lá o motivo), portanto não estava, e por isso se lamentava e criticava. Então, tudo lhe foi tirado.

Deus é um sábio ecônomo. Não desperdiça nada, jamais!

Mas o que pode acontecer conosco se não sabemos ter recebido o dom da vida, do Amor, da paz, da verdade, da liberdade, da alegria?

Toda vez que nos escondemos de alguém ou nos escondemos da vida negamos, de modo consciente ou não, os dons recebidos. Negando-os, não reconhecemos que existem ou que os temos e não podemos pô-los à disposição nem de nós mesmos nem dos outros.

Pensemos em tudo que perdemos em nossa vida. *Sabíamos* o que possuíamos?

Perdão, Pai, por tudo aquilo que eu desperdiço.

E, se formos sinceros com nós mesmos, todas as vezes que nos acontece de vivermos assim, percebemos estar sozinhos, amedrontados, tendo em nosso íntimo apenas pranto e ranger de dentes.

Julgamento e condenação

Vemos com facilidade a palha no olho do outro e, com dificuldade, a trave em nosso olho.

E essa "palha" torna-se um pretexto para julgar e condenar. Um ponto de apoio que usamos para nos tornar juízes e para nos desfazer de tudo o que nos desagrada ou aborrece. Julgar e condenar nos eleva a um pedestal imaginário, de onde observamos o mundo e o "dirigimos" como melhor nos apraz.

Por vezes ficamos de tal modo imersos nesse modo de ver os acontecimentos que nem nos damos conta da verdade. Nessa situação cometemos muitos pecados ao mesmo tempo: praticamos ações que não nos competem e que nos afastam de Deus.

Não é tarefa nossa nem é misericordioso julgar o comportamento alheio. Precisamos, sim, estar atentos, vigilantes, ver como agimos e como agem os outros, mas para tomar a devida distância, ou para sugerir fraternalmente ao irmão outro horizonte, isso sim. Se julgamos não perdoamos, e se não perdoamos não seremos perdoados.

> Portanto, como eleitos de Deus, santos e amados, vesti-vos com sentimentos de compaixão, com bondade, humildade, mansidão, paciência; suportai-vos uns aos outros e, se um tiver motivo de queixa contra o outro, perdoai-vos mutuamente. Como o Senhor vos perdoou, fazei assim também vós. Sobretudo, revesti-vos do amor, que une a todos na perfeição (Cl 3,12-14).

Quem não conhece Deus, quem não encontrou Deus tem um coração duro e desconhece a misericórdia. Tem medo.

Tem medo porque sabe, inconscientemente, que, cedo ou tarde, será julgado e condenado pelos outros e também por Deus. E o medo – fruto do pecado – torna-se uma barreira imaginária entre ele e a contagem regressiva. Culpa e condenação tornam-se um círculo vicioso e sem saída.

Adão e Eva esconderam-se de Deus porque sentiram medo. Temiam o julgamento de Deus. Não lhes ocorreu que podiam pedir perdão ou misericórdia. Prosseguiram acusando-se um ao outro.

Sem misericórdia e caridade conosco e com os outros permanecemos sozinhos no medo. Ao contrário, quem tem misericórdia sabe que receberá misericórdia.

O filho pródigo do Evangelho sabia que havia errado e se dispôs a pedir perdão, dispondo-se também a perdoar-se e a amar-se.

"Então caiu em si", nos diz o evangelista Lucas (15,17). Belíssima expressão que dá o sentido do pecado: só quem está fora de si comete pecados. Por graça e pelas provações passadas, pelas humilhações, pelos sofrimentos, pela distância de si e de seu pai, despertou do torpor do erro e caiu em si. Voltou para casa livre para buscar o bem para si mesmo, livre para amar. Usou de misericórdia e não teve medo de voltar com humildade para junto do pai, pedindo-lhe perdão.

Um coração caridoso e misericordioso não tem medo de nada, vive na alegria.

Àquele que tem será dado mais.

O medo da morte nada mais é do que a consciência de, mais cedo ou mais tarde, ter de enfrentar o mesmo tratamento que ofereceu aos outros. Porém, no fim, o juiz não será um ser humano, mas o próprio Deus.

Capítulo 7

Desejamos Deus?

Ao analisar as várias causas do medo, tomemos o caminho que nos levará a descobrir como livrar-nos dele.

No capítulo "Onde nasce", mencionei algumas passagens do Gênesis e do Deuteronômio, nas quais encontramos a origem do medo. As palavras do Antigo Testamento afirmam que o medo é fruto do distanciamento de Deus. Vamos, agora, à solução dos nossos medos.

> Em paz, logo que me deito, adormeço, pois só tu, SENHOR, me fazes descansar com segurança (Sl 4,9).

Fica claro que somente Deus é o caminho. Mas nós podemos ir a Deus somente se o desejamos.

Confrontemos agora a questão que me parece fundamental, o divisor de águas que não admite engano. Desejamos Deus?

Que pergunta!

Desculpe, mas não há outra a fazer.

Que bom se a resposta for "sim"! Mas, e se for "não"?

Não devemos ter medo.

Podemos ter sido pecadores inveterados, mas basta arrependermo-nos e dizer um "sim" verdadeiro a Deus para que ele nos acolha como se fôssemos uma ovelhinha perdida.

Com infinito amor. Mas basta um "nem", um "não sei", um "talvez", "vou pensar", para nos perdermos e perder o único caminho que conduz à paz, à serenidade, à alegria de continuar a *viver sem medo*.

Em um segundo podemos transformar a nossa vida, a nossa situação.

Deus só espera o nosso "sim".

Um simples "sim". Sem expectativas. Dito de coração, humilde, disposto a perder tudo, humanamente falando. Certos de encontrar tudo, espiritualmente falando.

Mas antes, de quanta confusão devemos purificar-nos! Quanta confusão deverá sair das dobras de nossa vida, da nossa educação, a fim de podermos responder, *real e verdadeiramente*, à pergunta "Desejo Deus?".

Conheci muitas pessoas que responderam "não", talvez por ignorância, por modismo, por apatia, por medo, por vingança, por soberba, por rebelião, porque estavam desnorteadas, porque não o conheciam, porque ninguém lhes apresentou, ou porque, ainda por cima, foram magoadas e distanciaram-se daqueles que lhes deveriam dar testemunhos verdadeiros.

Porém, jamais conheci alguém que, movido por um verdadeiro desejo de Deus, não o tivesse encontrado.

Todos nós, cedo ou tarde, seremos confrontados com essa pergunta. E não haverá concessão. Deus nos espera.

Capítulo 8

Preparemo-nos!

Se desejamos encontrar Deus, é preciso que nos preparemos. Para qualquer encontro importante nós vamos bem-dispostos, bem preparados, bem arrumados. A mesma atenção se impõe se queremos aproximar-nos de Deus. Isto é, devemos estar espiritualmente dispostos, de alma limpa, com o coração disponível, a mente determinada para a escolha.

Preciso ser ainda mais claro: requer-se um espírito convertido a Deus e aos seus mandamentos. Que a alma tenha sido purificada dos pecados pela confissão, reconciliada com Deus. Que o coração tenha realmente perdoado e esteja em paz com o mundo, o quanto possível. Que a mente tenha aceitado livremente todos os mandamentos de Deus Pai, sem reticências. Isso é preparar-se, preparar-se para receber.

E mais: que tal encontro não aconteça de vez em quando, mas seja cotidiano. Porque a cada dia a vida recomeça.

Não nos iludamos: fora desse contexto Deus não responde.

> Não pense tal pessoa que receberá alguma coisa do Senhor, ambígua como é e inconstante em todos os seus caminhos (Tg 1,7-8).

E ainda:

> Ao contrário, vossas injustiças é que viraram um abismo a distanciar-vos do vosso Deus, foram vossos pecados que esconderam a divina Face, impedindo-o de escutar (Is 59,2).

A preparação é fundamental. Não é porque Deus é amor que podemos dar uma de espertos diante dele.

Para alguns pode parecer exigência demais. Se estiverem um tanto carentes de espiritualidade, é ainda mais compreensível. Mas é possível. Basta querer.

Deus precisa ver essa vontade. Se ela existe, precisa ser semeada e regada diariamente.

É certo que Deus virá em nosso socorro.

Porém, se o ceticismo persiste, é muito provável que haja "alguém" insinuando-se com pensamentos opostos e contrários, os quais dizem que esta não é uma escolha sua, que isso tudo é demasiado para você, que jamais conseguirá. Bem, agora já sabemos quem é esse "alguém", que nos quer distantes de Deus: o Mal.

Talvez seja o momento de demonstrar de que somos feitos. Demonstrar que não temos medo. Afirmar que estamos prontos para escolher a liberdade. Se for preciso, busquemos em nosso interior mais força e determinação. Se for preciso, rezemos e iniciemos o caminho da conversão.

Com alegria e fé em Deus, que tudo pode.

> A fé é a certeza daquilo que ainda se espera, a demonstração de realidades que não se veem [porque] sem a fé é impossível agradar a Deus, pois quem dele se aproxima deve crer que ele existe e recompensa os que o procuram (Hb 11,1.6).

Deus é paciente. É nós também precisamos ter paciência conosco. Se cairmos, levantemo-nos e vamos confiantes ao Pai.

E se encontrarmos um bom diretor espiritual, não o deixemos escapar.

Se ainda não somos fiéis a Deus, aproximemo-nos. Não o deixemos esperar. Peçamos perdão pelos nossos pecados. Reconciliemo-nos.

Seremos e nos sentiremos amados. Deus nos ama com um amor infinito, é um pecado não o saber ou negá-lo. Ele está sempre pronto a nos perdoar. O importante é demonstrar-lhe que estamos sinceramente arrependidos.

Vamos a ele com confiança, com esperança, com amor. Assim sentiremos paz no coração.

Com efeito, este mandamento que hoje te prescrevo não é difícil para ti nem está fora de teu alcance. Não está no céu, para que digas: "Quem poderá subir ao céu por nós para apanhá-lo? Quem no-lo fará ouvir para que o possamos cumprir?". Não está do outro lado do mar, para que digas: "Quem atravessará o mar por nós para apanhá-lo? Quem no-lo fará ouvir para que o possamos cumprir?". Ao contrário, esta palavra está bem ao teu alcance, está em tua boca e em teu coração, para que a possas cumprir (Dt 30,11-14).

Capítulo 9

Obedecer

Multiplicarei tua descendência como as estrelas do céu e lhe darei todas estas terras. Por tua descendência serão abençoadas todas as nações da terra. Isso, em consideração a Abraão, que obedeceu à minha voz e observou meu mandamento, os meus preceitos, as minhas prescrições e leis (Gn 26,4-5).

Nos capítulos precedentes fizemos referência ao desejo de Deus e à necessária preparação para encontrá-lo.

Eis agora o último elemento que desejo apresentar, para mim fundamental.

Para esse fim, sirvo-me dos nossos progenitores, Adão e Eva.

No compêndio do Catecismo da Igreja Católica, no n. 72, encontramos:

> Deus, criando o homem e a mulher, tinha-lhes dado uma participação especial na própria vida divina, em santidade e justiça. Segundo o projeto de Deus, o homem não deveria nem sofrer nem morrer. Além disso, reinava uma harmonia perfeita no próprio ser humano, entre a criatura e o criador, entre o homem e a mulher, bem como entre o primeiro casal humano e toda a criação.

Reinava uma harmonia perfeita no próprio ser humano.

Respiramos novos ares ao pensar em tocar uma realidade assim, mesmo sendo uma realidade que nenhum de nós conhece. Nunca a vivemos.

Uma consideração, porém, podemos fazer a partir da leitura desse parágrafo do Catecismo. É que Adão e Eva, antes do pecado original, não conheciam o medo. Uma harmonia perfeita em si mesmos, com o Criador e a criação, realmente não pode incluí-lo. Imaginemo-nos em uma situação de perfeita harmonia com tudo e com todos. O que poderíamos temer?

Lembremos, então: antes do pecado original, antes do pecado da desobediência, não tinham medo.

Jesus também nunca sentiu medo – ao menos no sentido da limitação dada na premissa deste livro –, pois sempre obedeceu ao Pai.

Os Evangelhos sinóticos nos apresentam justamente este aspecto fundamental e reparador do Filho de Deus.

De fato, logo depois do episódio do batismo de João, portanto no início da vida pública do Mestre, mencionam que "Jesus foi conduzido ao deserto pelo Espírito, para ser posto à prova pelo diabo" (Mt 4,1).

O verbo encarnado resiste à tentação, permanece fiel ao Pai, obedece. E então, "por fim, o diabo o deixou, e os anjos se aproximaram para servi-lo" (Mt 4,11).

Se o primeiro ato da vida pública de Jesus é resistir à tentação e obedecer ao Pai, um sentido e um significado deve haver. Não só. É um sinal. Um precioso indício para compreender a obra salvadora e reparadora realizada pelo Filho de Deus e para mostrar-nos onde deveria começar tal obra. E ele mostra.

Isto é, assim como Adão havia desobedecido, assim Jesus, antes de tudo, devia reparar aquele pecado, humilhando-se, "fazendo-se obediente até a morte – e morte de cruz!" (Fl 2,8).

Obedecer. Eis o último elemento que desejo apresentar. Não será a obediência o verdadeiro ponto de partida para uma vida livre e livre do medo?

O modo como viveram inicialmente nossos primeiros pais, a vida de Jesus e a vida de Maria Santíssima, a vida dos profetas e a dos santos nos dão a entender que o estado de graça de que eles desfrutavam se apoiava neste pilar.

Não só. Pelo que aprendi na minha vida e através de muitas pessoas, sei que a obediência contém a essência do verdadeiro cristão. É o sentido último e profundo de uma vida vivida com consciência de mente e de fé. É o único caminho que leva à paz e à alegria.

Moisés nos lembra:

> Se obedeceres fielmente à voz do Senhor teu Deus, observando e praticando todos os mandamentos que hoje te prescrevo, o Senhor teu Deus te elevará acima de todos os povos da terra. Se obedeceres à voz do Senhor teu Deus, virão sobre ti e te seguirão todas estas bênçãos: Bendito serás na cidade e bendito no campo. Bendito será o fruto do teu ventre, o fruto da terra, a cria dos animais, do gado e das ovelhas. Bendita será tua cesta e tua amassadeira. Bendito serás ao entrar e bendito ao sair. O Senhor desbaratará diante de ti os inimigos que se levantarem contra ti. Se vierem por um caminho, fugirão à tua vista por sete caminhos. O Senhor fará a bênção estar contigo nos celeiros e em todo trabalho de tuas mãos. E o Senhor teu Deus te abençoará na terra que te dá. O Senhor te confirmará como seu povo, conforme te jurou, contanto que guardes os mandamentos do Senhor teu Deus e andes por seus caminhos. Todos os povos da terra verão que sobre ti é invocado o nome do Senhor e terão medo. O Senhor te concederá fartura de bens com o fruto de tuas entranhas, o fruto do gado, o fruto da terra, nesta terra que a teus pais o Senhor jurou que te daria. O Senhor te abrirá seu tesouro de bênçãos, os céus, para dar à terra a chuva em seu tempo, abençoando todo o trabalho de tuas mãos. Darás emprestado a muitas nações e não pedirás emprestado de nenhuma. O Senhor fará de ti o primeiro e não o último. Estarás sempre por cima e não por baixo, se obedeceres aos mandamentos

do Senhor teu Deus, que hoje te mando guardar e observar. Não te afastes, nem para a direita nem para a esquerda, de nenhum dos mandamentos que hoje te prescrevo, para seguir outros deuses e prestar-lhes culto (Dt 28,1-14).

Não falta nada para viver com abundância e em harmonia. Na obediência há sobretudo alegria no coração.

> Se observardes os meus mandamentos, permanecereis no meu amor, assim como eu observei o que mandou meu Pai e permaneço no seu amor. Eu vos disse isso, para que a minha alegria esteja em vós, e a vossa alegria seja completa (Jo 15,10-11).

Deveria ser mais do que suficiente. Mas não é.

Se prestarmos atenção em nós mesmos, perceberemos que só de ouvir essa palavra sentimos certo incômodo, certa tensão. Já passou muito tempo desde que a vivemos em nossa própria pele. Talvez nos tenha feito mal e até tenhamos sofrido. Agora estamos distantes, depois de prometer a nós mesmos que nunca mais a observaríamos. Além disso, o imperante e prepotente processo de secularização, a que estamos submissos, a baniu e a torna antiquada, obsoleta, fora de moda, uma herança da época das trevas, um limite, quase uma humilhação.

Podemos buscar e encontrar muitas justificativas, mas, independentemente do contexto histórico, se Deus é Amor, por que nos é tão difícil obedecer ao Amor, conformarmo-nos ao Amor? Não deveria ser algo que nasce de dentro? Não deveria ser espontâneo e natural responder com amor ao Amor?

Perdemos esse desejo, ou alguém o tirou e o ocultou de nós?

Acredito que isso aconteceu há muito tempo, e num brevíssimo instante.

Bastou um equívoco, uma mudança de foco, uma simples desarticulação do equilíbrio para tirar de nós a oferta de amor, e induzir-nos ao afastamento de Deus. Aconteceu na época de Adão e Eva.

Deus disse aos nossos primeiros pais: "Eis que coloquei tudo sob o vosso poder. Crescei e multiplicai-vos... dai nome a tudo o que foi criado, fazei tudo o que desejares, mas da árvore do conhecimento do bem e do mal não devais comer". Isto é: homem e mulher, sois livres, mas tendes um limite.

A serpente replicou com uma pergunta: "É verdade que tendes limites?". Isto é, ocultando a liberdade que desfrutavam e destacando o único limite que tinham, disse: "É verdade que não sois livres?".

Deus lhes oferecia liberdade através da obediência. A serpente interveio com a mentira, a fim de roubar-lhes a liberdade e atirá-los no caminho da escravidão. Adão e Eva discutiram com a morte e naturalmente "morreram".

O equívoco se consumou: "O príncipe das trevas ocultou a oferta de amor de Deus, a fez passar por uma limitação, disfarçou tudo com a perspectiva de poder, honra e glória".

Tudo aconteceu num átimo, em que nasceu a soberba, o orgulho e a vaidade! Essa tríade penetrou poderosamente o coração do ser humano como uma novidade absoluta, como um fruto proibido. Irresistível.

O espírito de Adão e Eva permaneceu inebriado e deslumbrado pelo pecado. No instante seguinte, a serpente pôde dar seguimento ao maior furto jamais perpretado ao gênero humano: roubou o desejo de Deus e o amor por Deus.

A partir de então, a obediência a Deus demanda esforço. Uma liberdade a reconquistar, um desejo a reencontrar.

Se antes o ânimo do ser humano era pleno de Deus, agora é pleno de vaidade. O ser humano passou a saber que deveria iniciar uma longa trajetória de progressiva consciência da ausência de Deus. Mas como o nascimento implica a morte e vice-versa, naquele momento, no momento de maior distância de Deus, o ser humano, o filho pródigo, todos nós, iniciamos o retorno à casa. O desejo de Deus não estava morto, estava apenas oculto. Tínhamos, pois, de reencontrá-lo.

Eis porque, portanto, temos desde sempre esta timidez espontânea que nos impede de amar a Deus com ímpeto e nos tira o desejo de obedecer a Deus.

O caminho continua a ser estreito e tortuoso, porque hoje, como então, o vento gélido e mortal do mal ainda sopra, até quando Deus o permitir.

O mal, hoje mais que nunca, rema contra, não quer a nossa obediência, e para conseguir seu intento embaralha as cartas, cria confusão e oculta a verdade. Todos os dias, em todos nós. A prova? Há aos milhares. A mais simples?

Que cansaço ao recitar até mesmo uma oração, um "Pai-Nosso", uma "Ave-Maria", sem ficar intimamente entediado, distraído, distanciado.

Essa rápida passagem, do pecado original aos nossos dias, deveria ajudar-nos a esclarecer, a entender o que deveria ser a obediência no tempo do Paraíso e ajudar-nos a reencontrar o caminho perdido.

Se o queremos encontrar, primeiramente é preciso entender bem do que se trata.

O significado etimológico de "obedecer" é "atender a quem está acima".

Obedecer a Deus significa, portanto, antes de tudo, escutá-lo com atenção.

Isto é: deter-se. Calar o próprio eu. Deixar que ocupe lugar em nosso interior. Ouvir o que tem a dizer. E depois, predispor-se a fazer.

Cinco passos fundamentais, todos fundamentais, um mais importante que o outro. Mas só é possível realizá-los se quisermos aderir, livremente e com escolha consciente, à sua palavra.

Querer! Desejar! Liberdade!

Se analisarmos livremente o verbo "obedecer", descobriremos que o seu significado, na sua essência, ainda que apenas em nível etimológico, diz respeito ao lugar-comum que considera a obediência como uma privação da própria liberdade.

De fato, o querer e o desejar Deus só pode existir na liberdade. Mas, no pecado, o ser humano deixa de ser livre e, portanto, não pode mais querer Deus livremente. E se não pode querer também não pode obedecer.

Eis porque, para obedecer ao Absoluto é preciso ser livre. Eis porque obedecer ao Pai Celeste é sinônimo de liberdade.

Para quem deseja reapropriar-se da liberdade oferecida pelo Altíssimo, do desejo de Deus e do Amor de Deus, o percurso está plenamente disponível.

Deter-se.

Parai! Sabei que eu sou Deus, excelso entre as nações, excelso sobre a terra (Sl 46,11).

Calar o próprio eu.

Silêncio, todo o mundo, diante do Senhor! Ele acaba de acordar em sua santa morada! (Zc 2,17).

Deixar lugar em nosso interior.

Dai-nos lugar em vossos corações (2Cor 7,2).

Ouvir o que Deus diz.

Moisés respondeu-lhes [aos israelitas]: "Aguardai para que eu vá ouvir o que o Senhor ordena a vosso respeito" (Nm 9,8).

Predispor-se a fazer.

É preciso que o mundo saiba que eu amo o Pai e faço como o Pai mandou (Jo 14,31).

Capítulo 10

Livre

Soberba, orgulho e vaidade atuavam, obviamente, também em mim, e vos asseguro que nunca se ausentaram. E o engano era atroz, diabólico: não sabia que eu era prisioneiro.

Portanto, não obedecia. Rezava um pouco, por costume herdado dos doze anos de estudo numa escola católica. Confiava-me, em particular, ao Espírito Santo: era a oração que meu avô me havia ensinado e a ela eu era especialmente afeiçoado.

Às vezes lia a Bíblia por desejo de conhecimento, não exatamente por desejo de Deus. Ia à missa nas datas festivas. Não conhecia o Amor nem o vivia.

A primeira parte da minha vida passou assim: espiritualmente morna, apática, superficial e de fachada.

Precisei de muito tempo, muita determinação, de uma infinita paciência. De um longo e constante trabalho sobre mim mesmo para descobrir que era prisioneiro da tríade (soberba, orgulho, vaidade). De uma longa purificação de mente e de coração. Enfim, da ajuda do Espírito Santo para reerguer-me.

Durante aquele longo caminho, descobri que estava sedento de Deus, que desejava a Verdade e a liberdade para preencher, finalmente, aquele vazio de sentido e significado, tão opressivo e insuportável.

Mas, a certo ponto da minha existência, por graça, bastou-me ler duas linhas do Deuteronômio para saltar da cadeira. Entender a vida e o sentido dela.

Ler aquele trecho da Bíblia foi uma revelação. Acolhê-lo, uma graça. Senti-lo, uma alegria. Torná-lo meu, uma libertação. Obedecer a ele, uma lógica e necessária consequência cheia de alegria e de plenitude de coração.

Porque, depois de ler, tive certeza de escutar um pai vivo, real e presente, afetuoso e atento, que instruía o próprio filho sobre como viver e como comportar-se.

Não percebia proibições, mas advertências. Não arrogância, mas amor. Não submissão, mas filiação.

Sentia que aquelas palavras eram dirigidas a mim. E estava intimamente feliz porque percebia ser amado, querido, protegido. Entendia a importância de sentir que alguém realmente nos ama. Que alguém nos quer, nos deseja.

Experiência tão importante quanto rara.

Ei-las. São para todos.

> Cuidareis, pois, de fazer tudo o que o Senhor vosso Deus vos ordena. Não vos desvieis nem para a direita nem para a esquerda. Segui em tudo os caminhos que o Senhor vosso Deus vos prescrever, para que vivais e sejais felizes por longos anos na terra que ides possuir (Dt 5,32-33).

Tudo isso me comunicava o poder da Palavra de Deus. Nunca a havia sentido tão forte, clara, evidente. Parecia que falava apenas para mim.

Eis, portanto, porque deixei de desobedecer a Deus e comecei o percurso da obediência: lendo aquele trecho do Deuteronômio me senti amado e por consequência me abri ao seu amor. Senti o seu Amor e desejei Deus. Aquele Amor forte e claro fez calar a música do trio mortal, me lembrou a antiga oferta de amor, me fez lembrar que era livre e fez nascer em mim a lei do desejo.

Ei-la: *se desejo, então devo.*

Significa que se desejo alguma coisa, então devo fazer alguma coisa para tê-la. O motor é o desejo; o dever é a transmissão.

E se eu desejo Deus, então devo obediência a Deus.

Eis porque obedecer. Porque há sede de amor recíproco. O nosso desejo de sermos seus filhos, o desejo dele de dar tudo o que um pai amoroso dá a seus filhos.

Quando obedecemos a Deus, obedecemos ao Amor. E como ninguém pode resistir ao verdadeiro amor, menos ainda se pode resistir ao Amor de Deus.

Se resistimos ou nos opomos àquele amor, é porque *não conhecemos* a Deus e não sabemos que ele nos ama. Se pudéssemos ver o quanto Deus nos ama, choraríamos de alegria.

Naqueles versículos do Deuteronômio, encontrei uma atração que me fez perceber a obediência como uma doce carícia. Feita por quem me ama, de modo incomensurável, único, puro, divino. Impossível resistir.

Deus tudo prometeu àqueles que lhe são fiéis. Também muitos dons.

O primeiro é o mais belo e mais importante:

> Jesus disse aos judeus que acreditaram nele: "Se permanecerdes em minha palavra, sereis verdadeiramente meus discípulos, e conhecereis a verdade, e a verdade vos tornará livres" (Jo 8,31-32).

Louvor, honra e glória a ti, Deus Pai Onipotente, por essa liberdade.

E ainda outros dons – vida, felicidade e abundância – nos prometem as palavras do Deuteronômio.

Repito: vida, felicidade, abundância. Não é justamente aquilo que humanamente desejamos? Acaso não desejamos verdadeira vida, verdadeira felicidade, verdadeira abundância?

Louvor, honra e glória a ti, Deus Pai Onipotente, por esses dons.

Se acreditamos em suas palavras, como podemos aceitar um pensamento de medo, ainda que apenas por um segundo? Deus me ama, como posso temer? De que tenho medo? O que posso temer?

Certamente não terei medo de principados, potestades, seres viventes ou acasos. Eles não podem nada diante de Deus.

> Não te ordenei que sejas forte e corajoso? Não tenhas medo, não te acovardes, pois o Senhor, teu Deus, estará contigo por onde quer que vás (Js 1,9).

Capítulo 11

Como nos libertar do medo

Desejar verdadeiramente a Deus: eis o segredo.
Assim *vivido* e *devido*:

Arrependimento	sincero
Confissão	sacramental
Obediência aos mandamentos divinos	integral
Leitura da Palavra de Deus	assídua
Participação na Santa Missa	o máximo possível
Louvar a Deus	sempre
Rezar	constantemente
Agradecer	diariamente
Perdoar	de coração
Amar o próximo	com infinita paciência, caridade e humildade
Misericórdia	como estilo de vida

Agradar a Deus em tudo e por tudo	com entusiasmo
Fé	total
Sentir-se amado pelo Pai	a todo instante
Ser justo e humilde de coração	por escolha
Caridoso	em relação a todos
Renúncias, sacrifícios, jejuns	segundo a possibilidade e a vontade

Quando temos consciência de sermos filhos de Deus e vivemos o verdadeiro desejo de Deus, esse desejo se manifesta em nossa vida e nos leva à *conversão de coração*.

Isso nos traz paz, alegria, Amor, união com Deus. Transformados e livres, como prometido.

O Espírito do Senhor virá sobre ti, e profetizarás com eles, e te transformarás em outro homem (1Sm 10,6).

É para a liberdade que Cristo nos libertou. Ficai firmes e não vos deixeis amarrar de novo ao jugo da escravidão (Gl 5,1).

Capítulo 12

Meta

A conversão de coração nos abre o caminho para a verdadeira meta: o incomensurável dom de Jesus Cristo.

> Deixo-vos a paz, dou-vos a minha paz. Não é à maneira do mundo que eu a dou. Não se perturbe, nem se atemorize o vosso coração (Jo 14,27).

Obrigado, Pai.
Seja bendito o teu santíssimo nome.
Louvor, honra e glória a ti, Pai Santo.
Bendito o teu nome pelos séculos dos séculos.
Hosana nas alturas.
Aleluia.
Agora estamos livres.

Capítulo 13

Aonde tudo conflui

Se eu falasse as línguas dos homens e as dos anjos, mas não tivesse amor, eu seria como um bronze que soa ou um címbalo que retine. Se eu tivesse o dom da profecia, se conhecesse todos os mistérios e toda a ciência, se tivesse toda a fé, a ponto de remover montanhas, mas não tivesse amor, eu nada seria. Se eu gastasse todos os meus bens no sustento dos pobres e até me entregasse como escravo, para me gloriar, mas não tivesse amor, de nada me aproveitaria. O amor é paciente, é benfazejo; não é invejoso, não é presunçoso nem se incha de orgulho; não faz nada de vergonhoso, não é interesseiro, não se encoleriza, não leva em conta o mal sofrido; não se alegra com a injustiça, mas fica alegre com a verdade. Ele desculpa tudo, crê tudo, espera tudo, suporta tudo (1Cor 13,1-7).

Caridade

A paz que Deus põe em nós, fruto da conversão de coração, é um grande dom.

Todo cristão tem como responsabilidade a missão de difundir esta graça no corpo místico da Igreja toda vez que as circunstâncias o peçam.

As ocasiões são cotidianas. Encontrar um homem, uma mulher, um amigo, um inimigo, um conhecido, um parente, um filho que tenha medo não é difícil. Ao contrário, nem requer muito esforço.

Naquele momento, naquele encontro, temos diante de nós um ser humano que, implicitamente, nos pede ajuda.

> ... vosso proceder seja todo inspirado no amor (1Cor 16,14).

Amor de caridade é, então, acolher a mão estendida em nossa direção e não deixar que aquela pessoa se vá com o seu medo. É indicar-lhe o caminho para libertar-se de todo o seu medo. É ajudá-la, encorajá-la e apoiá-la no caminho, todas as vezes que tiver necessidade. É dizer-lhe: eu venci o medo, você também pode vencê-lo.

Amor de caridade.

> Atualmente permanecem estas três: a fé, a esperança, o amor. Mas a maior delas é o amor (1Cor 13,13).

Eu poderia saber tudo sobre o medo, mas se não ajudo quem ainda é seu prisioneiro, ofendo a caridade.

Não deixemos infrutíferos, então, os dons que Deus nos dá. Vamos espalhá-los pelo mundo, com alegria.

Somos chamados a viver e a ser testemunhas, verdadeiras e credíveis, da Palavra do Senhor.

Com coragem, sem medo, para que todos possam conhecê-lo.

> Jesus disse a Simão: "Não tenhas medo! De agora em diante serás pescador de homens!" (Lc 5,10).

Impresso na gráfica da
Pia Sociedade Filhas de São Paulo
Via Raposo Tavares, km 19,145
05577-300 - São Paulo, SP - Brasil - 2018